パターンで
身につける

Useful Phrases for
Everyday English

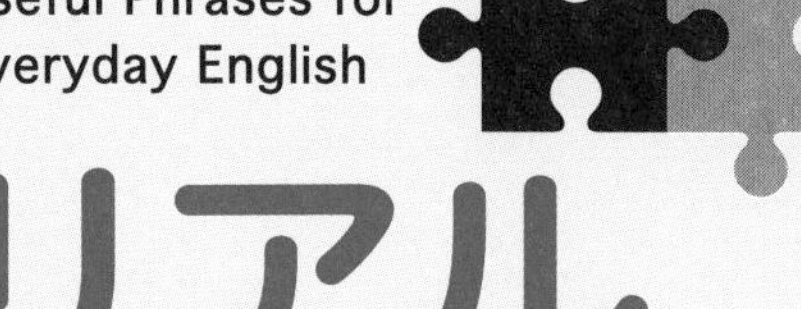

リアル
英会話
フレーズ

Ueda Marin
上田麻鈴
英文校閲 Gary I. Anderson

ベレ出版

はじめに

道に迷ったら、来た道を少し戻ってみるといいと言います。先を急ぎたい気持ちを少し抑えて、自分が分かる地点まで戻ってからの方が、確実に前に踏み出せるからです。英語学習も同じです。早く話せるようになりたい！ そんなはやる気持ちで背伸びした教材を手に取ったり、より上級のクラスに入っても思うように伸びません。それは「今さら聞けない基本」を飛ばして先に進もうとするからです。教材でも英会話教室でも多くが「初級」としながら、そこの部分は「今さら」として取り上げず、基礎ができていることを前提で進んで行きます。そこで学習者はますます「今さら聞けない」を痛感しては挫折します。多くの英語学習難民はこうしてできたと思われます。けれど難民といえども一度は学校英語には触れてきたので、「今さら」の基本部分さえクリアできれば前進できるのです。本書は話すことを目標としながらも、あえて今さら聞けない超基本から始めています。学習者は最小限の文法用語で、イメージと分かりやすいリアルな例文によって基礎との出会い直しができます。こうして基本の基本を学び直したら、次のステップでは、パターンごとに社会生活や旅先で使えそうな数多くの例文に出会い、積み上げ式で英語運用能力を培っていきます。それは、英語のパターンを理解し、そこからの発展により表現が広がる学習体験です。パターンから広がる豊富なフレーズに触れることで、英語の構造についての気付きも深められ、フレーズはより身につきやすくなります。フレーズを読んで、聴いて、感じて、それを繰り返してみてください。もう迷子でも難民でもなく、前に踏み出していることに気付くでしょう。

もしかしたらあなたのこれまでの英語学習はあまり面白いものでなかったのかもしれません。文法を学ぶためだけの、面白くもなく、ましてや自分が使うことも想定されないような例文を丸暗記するような学習で、楽しめなかったかもしれません。そんな学校英語や受験英語は、勉強しなくて済むようになった途端すぐに忘れてしまい、6年ないしは10年もかけた英語は無残にも遠のいてしまったという経験をお持ちなら、英語に対して後悔と挫折感を抱えているのかもしれません。それでもこの本を手に取ってみたのなら、すでに勇気と行動力を持って前に踏み出しています。そんな人には、英語嫌いだった過去から英語を人生の伴侶にするまで変貌をとげた著者からもうひとつメッセージがあります。

言いたいと思うフレーズや使うことになると思われるフレーズは、ちゃんと実感して胸にしまっておくことです。そう、「胸に」です。英語学習は頭も使いますが、胸を使うとさらに効果的です。喜びを共感したい、怒りを表明しなければならない、励ましたい、感謝を伝えたい…等、そんな時に口をついて出てくる言葉は英語であっても、頭だけでなく胸からも発信されていることは想像に難くないでしょう。本書の例文の数々は気持ちを伝えているものや、使う場面をイメージしやすい実用的で現実的な例文が中心です。そんなリアルな例文を頭と胸で受け止め、音読や発話をしてみてください。すると「今ここでの学習」が「使う現場での実践」に直結します。それが「これを言いたい」という瞬間にずばり必要なフレーズが口をついて出てくるための引き出し作りとなるのです。英語学習とは本来、生き生きとした、充実感のある知的活動なのです。ぜひ本書でそれを体験してください。

前進する人には選択肢があります。苦い後悔や挫折感だけで終わらずに、克服して自分の能力を開拓して人生を広げるという選択肢が視野に入ってきている今、本書をそのためのツールとして役立てていただければと願っています。

最後に、前著に引き続き、根気強く伴走をしてくださり、時間も才知もふんだんに注いでくださった英文校閲者の Gary I. Anderson 氏に深謝を表します。また、30年間英文法の教鞭をとってこられた Janet M. Anderson 氏にも多大な貢献を賜りましたことに厚く御礼申し上げます。二人の惜しみない協力と語学への情熱のおかげで本書がより良いものに仕上がったことを幸甚に思います。

上田麻鈴

パターンで身につけるリアル英会話フレーズ　目次

STEP 1.　超基本「今さら聞けない」ことをチェック

STEP 2.　基本構文　土台作りをしよう

STEP 3.　会話の要となる疑問詞たち

STEP 4. 助動詞 動詞の前ゆく大事な助っ人

STEP 5. 有用基本動詞 一石三鳥の有用さ

STEP 6.　熟語こそ慣用表現の賜物

STEP 7.　構文を増やして表現を広げよう

audiobook.jp　音声ダウンロード方法

① PC・スマートフォンで音声ダウンロード用のサイトにアクセスします。QR コード読み取りアプリを起動し、右記 QR コードを読み取ってください。QR コードが読み取れない方はブラウザから http://audiobook.jp/ exchange/ beret にアクセスしてください。

② 表示されたページから、audiobook.jp への会員登録ページに進みます。
※音声のダウンロードには、audiobook.jp への会員登録（無料）が必要です。
※既にアカウントをお持ちの方はログインしてください。

③ 会員登録後、シリアルコードの入力欄に wGoT21JJ を入力して「交換する」をクリックします。クリックすると、ライブラリに音源が追加されます。

④ スマートフォンの場合はアプリ「audiobook.jp」をインストールしてご利用ください。PC の場合は、「ライブラリ」から音声ファイルをダウンロードしてご利用ください。

ご注意
・ダウンロードには、audiobook.jp への会員登録（無料）が必要です。
・PC からでも、iPhone や Android のスマートフォンからでも音声を再生いただけます。
・音声は何度でもダウンロード・再生いただくことができます。
・書籍に表示されている URL 以外からアクセスされますと、音声をご利用いただけません。URL の入力間違いにご注意ください。
ダウンロードについてのお問い合わせ先：info@febe.jp（受付時間：平日の10～20時）

ベレ出版ホームページからの音声ダウンロード方法

「ベレ出版」ホームページよりパソコンでダウンロードできます。（スマートフォン、タブレットの場合は上記の audiobook.jp のサービスをお使いください）
①「ベレ出版」ホームページ内、『パターンで身につけるリアル英会話フレーズ』の詳細ページにある「音声ダウンロード」ボタンをクリック。
（URL は　https://www.beret.co.jp/books/detail/765）
② ダウンロードコード wGoT21JJ を入力してダウンロード。

※ダウンロードされた音声は MP3形式となります。
※ iPod 等の MP3携帯プレイヤーへのファイル転送方法、パソコン、ソフトなどの操作方法については、メーカー等にお問い合わせいただくか、取扱説明書をご参照ください。

◎音源の利用についてはベレ出版ホームページ（beret.co.jp）［よくある質問］に案内がございます。

STEP 1

超基本
「今さら聞けない」ことをチェック

1. 今さら聞けない基本文法を確認

英語を分解すると…

主語 ＝「～は」「～が」　例：I study English.（私は）
動詞 ＝「～する」　例：I study English.（勉強する）
目的語 ＝「～を」「～に」　例：I study English.（英語を）
補語 ＝「～だ」　例：That is a museum.（博物館だ）
The baby is happy.（幸せだ）

英語の基本構造

I　study　English.　「私は　英語を　勉強する」

［主語］＋［動詞］＋［目的語］＝［主語］は［目的語］を［動詞］する。

That　is　a museum.　「あれは　博物館だ」

［主語］＋［be 動詞］＋［補語］＝［主語］は［補語］だ

品詞を確認しよう

名詞：　物や人（主語、目的語、補語になる）
例：I study English.（青字が名詞）
例：That is a museum.（that は代名詞）

動詞：　動作や思考など
例：I live here.（青字が動詞）　live ＝ 暮らしている
I remember you.　remember ＝ 覚えている

形容詞：　様子、状態、性質など（名詞を修飾 / 補語になる）
例：I like dark chocolate.（青字が形容詞）
The baby is happy.

副詞：　様子、やり方、態度など（名詞以外を修飾）
例：The baby is very happy.（とても）（青字が副詞）
I study hard.（懸命に）
I remember you well.（よく）

会話では短縮形が多く使われる

例：am → 'm,　are → 're,　is → 's,　not → n't,　going to → gonna
have → 've,　has → 's,　cannot → can't,　will → 'll,　will not → won't

2. 物や人を語る…名詞

① 可算名詞1

同様に

a cat　cats　→　an idea　ideas

一匹ならa　複数ならsが付く　母音の前はan

② 可算名詞2

同様に

a person　people　→　a child　children

不規則な複数形

③ 不可算名詞

同様に

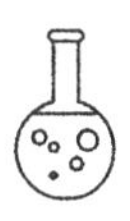

food　money　→　happiness　love　science

数でなく量でとらえ、通常複数形sなし　抽象的な事柄も数えない

④ theが付く名詞

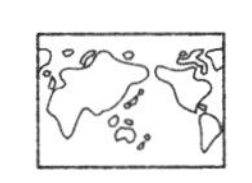

the world　the moon　the sky

唯一の存在にはtheを付ける

⑤ aもtheもない固有名詞

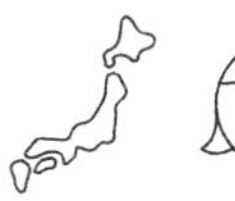

Japan　Alice　Christmas

大文字から始まるのも特徴

3. 様子や状態を語る…形容詞 使い方1：ひとことでも伝わる！

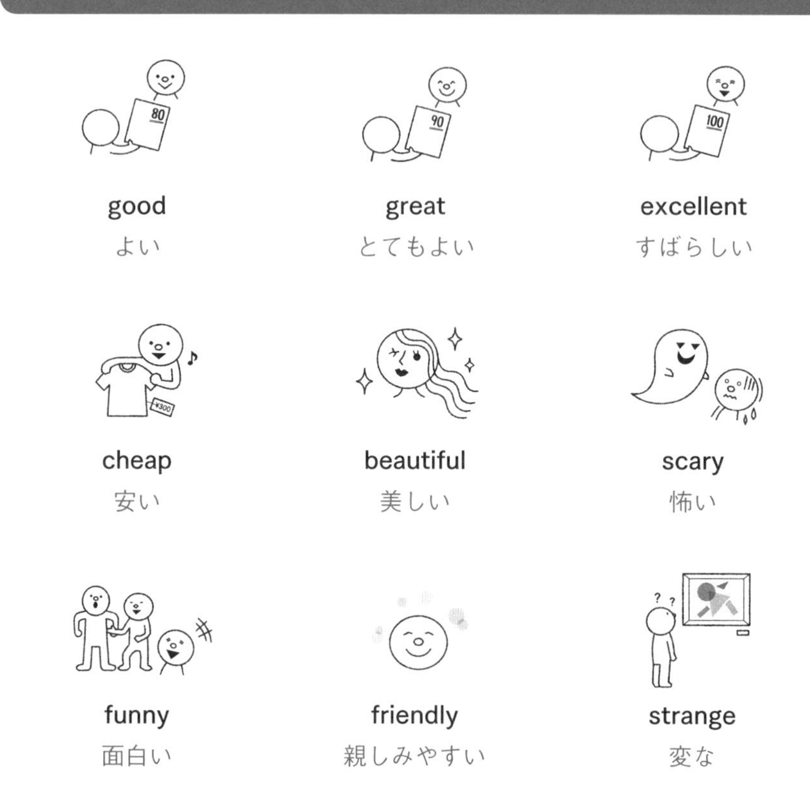

強調や否定等を加えると…

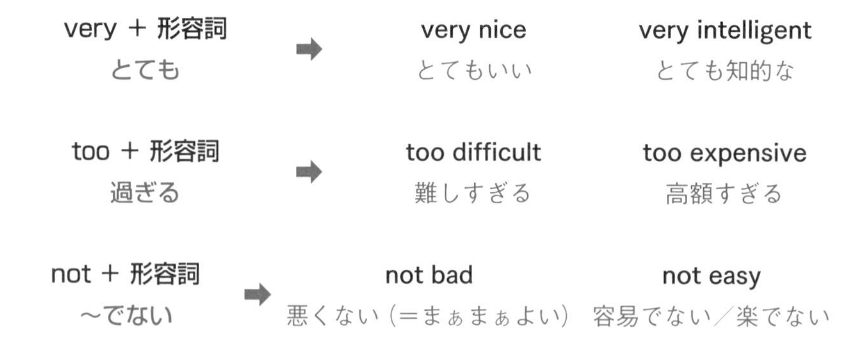

very ＋ 形容詞 とても	➡	very nice とてもいい	very intelligent とても知的な
too ＋ 形容詞 過ぎる	➡	too difficult 難しすぎる	too expensive 高額すぎる
not ＋ 形容詞 〜でない	➡	not bad 悪くない（＝まぁまぁよい）	not easy 容易でない／楽でない

ひとことで伝わる形容詞　もっと知ろう！

cool（格好いい、よい、涼しい）※くだけた表現。格式を上げるなら great に
例："A big bonus this year!" **"Cool."**
「今年はでっかいボーナスだよ」「やったね」

nice（素敵な、よい）※ややくだけた表現
例："Cookies for you." "**Nice!** Thank you."
「クッキーをどうぞ」「いいね！ ありがとう」

wonderful（すばらしい）
例："I got a job." "**Wonderful.** Congratulations!"
「就職決まったよ」「すばらしい。おめでとう！」

fantastic（すばらしい）※fantasy（＝空想）が語源　驚きを伴うことに
例："Mike is out of the hospital." **"Fantastic!"**
「マイクは退院してるよ」「それはよかった！」

perfect（完璧な・申し分ない）
例："The customer will buy ours." **"Perfect."**
「お客さんはウチのを買うって」「完璧だ」

cute（可愛い・キュートな）
"The baby is smiling." "**Wow, cute!**"
「赤ちゃんが笑ってる」「うわあ、可愛い！」

pretty（綺麗な）※人の容姿や景色にも使える
"Mommy, **pretty!** A new dress?"
「ママ、きれい。新しいドレス？」

incredible / unbelievable（信じられない・すごい）
"My dog came home after a year." **"Incredible / Unbelievable!"**
「ウチの犬、一年後に帰ってきたの」「信じられない！」

not fair, unfair（不公平な）
"Why am I working on Sunday? **Not fair!**"
「なんで日曜に仕事？ 不公平だ！」

様子や状態を語る…形容詞　使い方2：名詞の前に置く

a **new** car
新車

strong coffee
濃いコーヒー

a **beautiful** sunset
美しい夕日

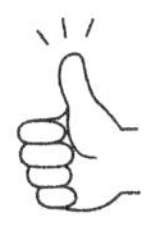

a **good** job
いい仕事

great music
すごくいい音楽

a **sunny** day
快晴の日

a **long** line
長蛇の列

a **big** problem
大問題

optional tours
オプショナルツアー

a **wise old** man
知恵のある老人

a **nice** guy
いい奴

a **dangerous** adventure
危険な冒険

様子や状態を語る…形容詞　使い方3：[～（=主語）は…（=形容詞）だ]

French **is difficult**.
フランス語は難しい。

The Shinkansen **is fast.**
新幹線は速い。

I'**m allergic** to pollen.
私は花粉にアレルギー。

The baby **is not happy**.
赤ちゃんはご不満だ。

We **are not safe.**
我々は安全でない。

This app is **convenient**.
このアプリは便利だ。

That'**s impossible**.
それは不可能だ。

I **was sick**.
私は具合が悪かった。

My grades **were bad.**
僕の成績は悪かった。

Next summer **will be** very **hot**.
来年の夏はとても暑いだろう。

The test **won't be easy**.
テストは簡単でないだろう。
※won't = will not

be動詞　まとめ

	現在	過去	未来
I 私	am	was	
You / We / They / Dogs / Tom and Mary あなた　私たち　彼ら　犬たち　トムとメアリー	are	were	will be
He / She / It / Tom 彼　彼女　それ　トム	is	was	

形容詞を増強：名詞から形容詞への発展を見よう！

名詞 → 形容詞

-ful

use（使用） useful（役立つ・有用な）
care（注意・配慮） careful（慎重な）⇔ careless（不注意な）
peace（平和・平穏） peaceful（平和な・平穏な）
pain（痛み） painful（痛い）※「痛い！」と声を上げる時は ”Ouch!”（アウチ）
power（力・権力） powerful（有力な）⇔ powerless（無力な）
例：**useful** information（役立つ情報）、I was careless.（私は不注意でした。）

-y

risk（リスク） risky（リスクのある）
sleep（眠り・睡眠） sleepy（眠たい）
health（健康） healthy（健康的な）⇔ unhealthy（不健康的な）
spice（香辛料） spicy（辛い・香辛料の効いた）
taste（味） tasty（味のよい・おいしい）
例：a **healthy** meal（健康的な食事）、This plan is **risky**.（この計画は危険です。）

-al

nature（自然） natural（自然な）⇔ unnatural（不自然な）
emotion（感情） emotional（感情的な）
culture（文化） cultural（文化の・文化的な）
nation（国家） national（国立・国の）
form（形・形式） formal（形式ばった・改まった）⇔ informal（くだけた）
例：**cultural** exchange（文化交流）、The party is **informal**.（そのパーティーは堅苦しくない。）

-ous

fame（名声） famous（有名な）
humor（ユーモア） humorous（ユーモアのある）
nerve（神経） nervous（神経質な・緊張した）
curiosity（好奇心） curious（好奇心旺盛な・知りたがりの）
jealousy（嫉妬心） jealous（嫉妬している）
例：a **famous** band（有名なバンド）、I wasn't **nervous**.（緊張しませんでした。）

名詞 → 形容詞

-ic

reality（現実） realistic（現実的な）⇔ unrealistic（非現実的な）
science（科学） scientific（科学的な）
electricity（電気） electric（電動の）
drama（ドラマ・劇） dramatic（劇的）

例：a **dramatic** change（劇的な変化）、Is the plan **realistic**?（その計画は現実的ですか？）

-ive

act（行動） active（行動的な・活動的な）⇔ inactive（非活発な）
sense（感覚） sensitive（敏感な）⇔ insensitive（鈍感な・無神経な）
information（情報） informative（情報に富む・有益な）
construction（建設） constructive（建設的な）⇔ unconstructive（非建設的な）
aggression（攻撃性） aggressive（攻撃的な）
effect（効果） effective（効果的な）⇔ ineffective（効果のない）

例：an **informative** seminar（有益なセミナー）、My parents are **active**.（両親は活動的だ。）

-able

comfort（心地よさ） comfortable（心地よい・快適な）⇔ uncomfortable（心地悪い）
possibility（可能性） possible（可能な）⇔ impossible（不可能な）
fashion（ファッション・流行） fashionable（おしゃれ・流行を追った）
acceptance（許容） acceptable（許容できる）⇔ unacceptable（許容できない）
profit（利益） profitable（儲かる）⇔ unprofitable（儲からない）

例：a **comfortable** bed（快適なベッド）、Is this **acceptable**?（これは許容範囲内ですか？）

-t

importance（重要性） important（重要な）⇔ unimportant（重要でない）
difference（違い） different（違う・異なる）※「間違っている」の意味ではない
efficiency（能率・効率） efficient（効率的な・手際のよい）⇔ inefficient（非効率的な）
confidence（自信） confident（自信のある）
violence（暴力） violent（暴力的な）

例：a **violent** scene（暴力的なシーン）、The mover was **efficient**.（引越業者は手際よかった。）

4. 動きを語る … 動詞　イメージしよう！

eat
食べる

sleep
眠る

smile
微笑む

relax
くつろぐ

think
考える

dance
踊る

sing
歌う

walk
歩く

run
走る

●言葉を加えてもっと詳細を加えられる

eat a lot
たくさん食べる

work too much
働きすぎる

never **give up**
決してあきらめない

sleep all right
ちゃんと眠る

know little
ほとんど知らない

know a little
少し知っている

●動詞の後に「〜に」「〜を」を表す目的語が続くこともある

drink coffee
コーヒーを飲む

give a present
プレゼントをあげる

send a message
メッセージを送る

eat vegetables
野菜を食べる

have a lot of friends
多くの友人がいる

meet someone
誰かと出会う

●「どのように」という様子（副詞）を加えることもある（青字が副詞）

work **hard**
懸命に働く

approach **slowly**
ゆっくりと近づく

remember **well**
よく覚えている

come **late**
遅れてくる

arrive **early**
早く到着する

get up **quickly**
すばやく起き上がる

speak **softly**
小声で話す

communicate **clearly**
明確に伝える

wait **quietly**
静かに待つ

●文にしよう

原形で OK：　I / We / They speak English a little.
私は / 私たちは / 彼らは英語を少し話します。

s が付く：　He / She / Ken speaks English well.
リサは / 彼女は / 彼は英語を上手に話します。

主語が三人称単数（he、she、it、Mary 等）でかつ現在の場合は動詞に s が付く

●動詞の活用をチェック

代表的な規則動詞一覧

原形 / 現在	過去	過去分詞（完了形や受動態で使用）
live（住む）	lived	lived
work（働く）	worked	worked
watch（観る）	watched	watched
like（気に入る）	liked	liked
talk（話す）	talked	talked
call（呼ぶ・電話する）	called	called

代表的な不規則動詞一覧

原形 / 現在	過去	過去分詞（完了形や受動態で使用）
go（行く）	went	gone
say（言う）	said	said
get（手に入れる）	got	got/gotten
run（走る・運営する）	ran	run
see（見る・会う）	saw	seen
have（持つ）	had	had
tell（言う・教える）	told	told
give（与える）	gave	given
eat（食べる）	ate	eaten
drink（飲む）	drank	drunk
sleep（眠る）	slept	slept
feel（感じる）	felt	felt
buy（買う）	bought	bought
sell（売る）	sold	sold
take（取る）	taken	taken
leave（出発する・残す）	left	left
read（読む）	read	read
write（書く）	wrote	written
send（送る）	sent	sent
break（壊す）	broke	broken
think（考える）	thought	thought
study（勉強する）	studied	studied
understand（理解する）	understood	understood

●現在形と過去形を使い分けよう

現在		過去
I **work** here. 私はここで働いている。	→	I **worked** there. 私はそこで働いた。
We **live** in the city. 私たちは都会で暮らしている。	→	We **lived** in the country. 私たちは田舎で暮らした。
She **reads** English newspapers. 彼女は英字新聞を読む。（習慣）	→	She **read** the book. 彼女はその本を読んだ。

●否定文と疑問文を作ろう

否定（do not / does not または don't / doesn't を動詞の前に。代わりに never も可）

例
- I **don't** smoke. 私はたばこを吸わない。
- You **don't** know. あなたは知らない。
- We **don't** fight. 私たちはケンカしない。
- People **do not** change. 人は変わらない。
- He **doesn't** listen. 彼は耳を貸さない。
- She **never** smiles. 彼女はにこりともしない。

過去形の場合（do not / does not → did not、don't / doesn't → didn't）

例
- I did**n't** know. 私は知らなかった。
- You did**n't** eat much. あなたはあまり食べなかった。
- He did **not** drink. 彼は飲まなかった。

疑問（現在なら Do / Does 、過去なら Did を主語と動詞の前に）

例
- **Do** I know you? 知りあいでしたっけ？
- **Do** you like it? あなたはそれが好きなの？
- **Do** we have time? 私たち、時間ある？
- **Did** you call me? 呼んだ？ / 電話くれた？
- **Does** Joe work here? ジョーはここで働いていますか？
- **Did** Meg study here? ここはメグの母校ですか？

5. 2回目以降の登場をシンプルに…代名詞

「彼」「それ」「私たち」等で知られる代名詞は「～は」「～が」（主格）、「～を」「～に」（目的格）、「～の」（所有格）に当てはめると形が変化します。

	～は / ～が（主格）	～を / ～に（目的格）	～の（所有格）
私	I	me	my
あなた/あなたたち	you	you	your
私たち	we	us	our
彼ら/彼女ら/それら	they	them	their
彼	he	him	his
彼女	she	her	her
それ	it	it	its

●代名詞の主格・目的格・所有格を例文でチェック！

3つの例文を横に読むと代名詞の格の変化が確認できます。

～は（主格）

I am new here.
私はここの新任です。

Aren't you Mia's sister?
あなたはミアの姉妹ではないですか？

I have a brother. He can help you.
私には兄 / 弟がいて、彼があなたを手伝えるよ。

That is Alice. She is an exchange student.
あちらはアリス。彼女は交換留学生です。

We study Japanese.
私たちは日本語を勉強している。

T6 is a band. They are cool.
T6はバンドです。彼らはかっこいい。

JF is a Japanese company. It makes food.
JF は日本企業です。食品を製造します。

～に / ～を（目的格）

Please call me Tina.
私をティナと呼んでください。

I remember you.
あなたのことを覚えています。

Ask him about your computer.
君のパソコンについて彼に訊いて。

Do you know her?
彼女を知っていますか？

Come and see us anytime.
いつでも私たちに会いに来て。

I see them on YouTube.
私は彼らをユーチューブで見るよ。

I work for it.
私はそこに勤めています。

～の（所有格）

My real name is Christina.
私の本名はクリスティーナ。

Your sister and I are friends.
あなたの姉妹と私は友人です。

His job is fixing computers.
彼の仕事はパソコンの修理。

I am her host mother.
私は彼女のホストマザーなんです。

Our house is near here.
私たちの家はここの近く。

Their songs are the best.
彼らの曲は最高だよ。

I buy its food, too.
私はそこの食品も買いますよ。

6. 使いこなせると便利…代表的な前置詞

at　ピンポイントのイメージ

場所：**at** the station（駅で）、**at** work（職場で）、**at** the entrance（入り口で）
時間：**at** 5 o'clock（5時に）、**at** noon（正午に）、**at** 3:15（3時15分に）
箇所：**at** the beginning（始めに）、**at** the bottom（一番下に）

on　面に乗っているイメージ

平面：**on** page 2（2頁に）、**on** the sixth floor（6階で）、**on** the wall（壁に）
道路上：**on** Highway 2（2号線で）、**on** the street（路上で）
日：**on** Monday（月曜に）、**on** May 3（5月3日に）、**on** weekdays（平日に）
乗り物：**on** the train（電車に乗って）、**on** a motorcycle（バイクに乗って）
通信：**on** the Internet（ネットで）、**on** TV（テレビで）、**on** the phone（電話で）
側：**on** your right（あなたの右側に）、**on** her side（彼女側 / の味方）

in　中にあるイメージ

場所：**in** Boston（ボストンで）、**in** Japan（日本で）、**in** the room（部屋の中で）
年月：**in** January（1月に）、**in** 2020（2020年に）、**in** this century（今世紀に）
時期：**in** the morning（午前中に）、**in** the past（昔は）、**in** the future（将来には）
季節：**in** spring（春に）、**in** the rainy season（雨季に）
言語：**in** Japanese（日本語で）、**in** fluent English（流ちょうな英語で）
状態：**in** trouble（困って）、**in** love（恋して）、**in** the red（赤字で）
～後に：**in** one week（1週間後に）、**in** a moment（たちまち・すぐに）

by　沿っているイメージ

そば：**by** the window（窓際）、**by** the sea（海辺で）
交通：**by** train（電車で）、**by** car（車で）、**by** bicycle（自転車で）
期日：**by** tomorrow（明日までに）、**by** 6 (o'clock)（6時までに）
手段：**by** walking（徒歩で）、**by** cash（現金で）、**by** writing（文書で）
単位：**by** the hour（1時間につき）、**by** the month（月ぎめで）

with　伴っているイメージ

道具：**with** a screwdriver（ねじ回しで）、**with** a pen（ペンで）
付随：**with** your help（あなたの助けで）、**with** an accent（訛りのある）
付加：**with** you（あなたと）、**with** care（慎重に）、**with** love（愛をこめて）

for 「～のために」のイメージ

利益：**for** me（私のために）、**for** the company（会社のために）
備え：**for** the test（試験のために）、**for** an emergency（非常時のために）
目的：**for** your safety（あなたの安全のために）、**for** health（健康のために）
期間：**for** a week（1週間）、**for** a long time（長期間）
基準：**for** me（私にとっては）、**for** his age（彼の年齢の割に）
理由：**for** two reasons（ふたつの理由で）、**for** some reason（何らかの理由で）

from 「～から」のイメージ

出発点：**from** here（ここから）、**from** Platform 3（3番線から）
基：**from** this data（このデータから）、**from** experience（経験から）
原因：**from** stress（ストレスから）、**from** heart disease（心臓病から）

to 「～に」のイメージ

方向：**to** the left（左へ）、**to** the exit（出口へ）、**to** the north（北へ）
到達点：**to** the airport（空港へ）、Where to?（どこまで？）、**to** me（私に）
目的：**to** pass the test（試験合格のために）、**to** be healthy（健康でいるために）

before 前にあるイメージ

事前に：**before** the meeting（会議の前に）、**before** bed（就寝前に）
～よりも前に：**before** 5 (o'clock)（5時より前に）、**before** that（それまでに）
先に：**before** everyone else（みんなより先に）

after 後にあるイメージ

事後に：**after** school（放課後）、**after** each meal（毎食後に）
～よりも後に：**after** dark（日没後に）、**after** this week（今週を過ぎてから）
譲渡：**after** you（お先にどうぞ）

about 周辺にあるイメージ

～について：**about** the problem（その問題について）、**about** it（それについて）
およそ：**about** 1 o'clock（1時頃）、**about** now（今頃）、**about** $20（約20ドル）

of 所属のイメージ

帰属：the smell **of** roses（バラの香り）、the climate **of** the area（地域の気候）
分類：a sense **of** humor（ユーモアのセンス）、a genre **of** music（音楽のジャンル）
部分：the end **of** the story（物語の終盤）、the center **of** attention（注目の的）
数量：3 cups **of** rice（3合のお米）、8 hours **of** sleep（8時間の睡眠）
特定：a new way **of** thinking（新しい考え方）、the title **of** the book（本の題名）

STEP 2

基本構文
土台作りをしよう

01 You are nice.

あなたいい人ね。

状態や様子を述べたり、人や物を特定する be 動詞

「A＝Bだ」と説明。（例文は you＝nice）

基本：主語＋be 動詞（am / is / are）＋…（＝形容詞 / 名詞）＝［主語］は…だ

否定：主語＋am / is / are＋not＋…

疑問：Am / Is / Are＋主語＋…?

リアルフレーズ

▶ **My name is Sho. Nice to meet you.** 僕の名前は翔。会えて光栄です。

▶ **Your hair is so beautiful.** あなたの髪ってとても綺麗。
I'm jealous! うらやましい！

▶ **Everything is delicious, Cathy.** すべて美味しいよ、キャシー。
Your restaurant is a great success. 君のレストランは大成功だね。
I'm happy for you. 僕も嬉しいよ。

▶ **Mel, this is Saya.** メル、こちらはサヤ。
She and I are old friends. 彼女と私は古くからの友達なんです。
She is a hairdresser. 彼女は美容師です。

▶（電話で）**Hello. This is Akira.** もしもし、アキラだけど、今話せる？
Are you free to talk now?

▷ **Hi, Akira. I'm not busy now. Go ahead.** あら、アキラ。今は忙しくないよ。どうぞ。

▶ **I'm sorry. I'm late.** 遅れてごめんなさい。

▷ **It's all right. We are late, too.** いいんですよ。私たちも遅刻なんで。

▶ **Isn't the room temperature too low?** 室温は低すぎない？
▷ **Yes. It is a little cold for me.** はい。私には少し寒いかな。

❗ little に a が付きます。"a bit cold" や "a little bit cold" とも言うよ。

▶ **This stew is very tasty.** このシチューはとてもいい味だね。
You are a good cook. 君は料理が上手いね。

▶ **Is the museum within walking distance?** 博物館は徒歩圏ですか？
▷ **Yes, it is. It is three blocks from here.** はい。ここから3ブロックです。

▶ **Playing this game is fun.** このゲームをするのって楽しい。

❗「～することは」という主語は "～ing" で。

▶ **Parking here is not a good idea.** ここに駐車するのはいい考えではないよ。

ここにも注目！

☆人を紹介する場面で、This is [人] が出てきました。人に対して This を使うのは失礼にならないのかという疑問を聴きますが、「こちらにいる人は…」の意味なので失礼ではありません。離れた所にいる人を指してなら That is [人] になります。

また This is [人] は電話などの声だけの通信でも「こちらは…です」と名乗る際に使われ、This is ... speaking. や This is ... calling. とも言います。

☆日本語ではプロの料理人をコックと言いますが、英語では cook で、プロでなくても料理をする人は誰でも cook です。同様に運転する人は誰でも driver で、慎重な運転をする人のことを careful driver のように言います。日本語が上手な外国人をほめる場合は、You are a good Japanese speaker.

02 The concert was great.

コンサートはとても良かったよ。

過去の様子や性質を表す過去形の be 動詞

「A＝B だった」と説明。

基本：主語＋be 動詞（was / were）＋…（＝形容詞 / 名詞）＝…だった

否定：主語＋was / were＋not＋…	疑問：Was / Were＋主語＋…?

リアルフレーズ

▶ **Thanks for the DVD.** DVD をありがとう。

It was very interesting. とても面白かった。

▶ **That was a big storm!** あれはすごい嵐だったね！

Was everything all right? 大丈夫だった？

▶ **Your speech was excellent.** スピーチ素晴らしかったよ。

▷ **Was it? I was nervous.** そう？ 緊張したわ。

▶ **I'm sorry. I was wrong.** ごめんね。私が間違ってた。

▶ **Weren't you in the hospital?** あなた入院してなかったっけ？

▷ **No. That was my brother.** いや、それは兄だよ。

He was very sick. 兄はすごく具合が悪かったんだ。

▶ **Working with you was great!** 君と一緒に仕事をしたのはとても良かったよ！

▶ **Meeting her was like a dream.** 彼女と会ったことは夢のようだった。

❗ be 動詞に伴う like は「～のよう」「～みたい」という意味ね。

▶ **Your great-grandmother was an actress.** ひいおばあちゃんは女優だったんだ。
She was in about 50 movies. 50本の映画に出てたんだよ。
▷ **Was she like Marilyn Monroe?** マリリン・モンローみたいな？

▶ **I was in a college dorm.** 私は大学寮にいました。
That was my first time living away from home. それが初めての実家から離れての暮らしでした。

▶ **Jim wasn't a very good student, but he was always popular.** ジムは優等生ではなかったけれど、いつも人気者だった。

▶ **The trip was great.** 旅はとても良かったよ。
I was lucky to get the flight and the hotel during the busy season. ラッキーだったよ、飛行機とホテルが繁忙期に取れて。

▶ **The hotel's food was OK to me.** ホテルの食事は私にはそこそこだった。

The kids were very hungry, so they were happy. 子どもたちはとても空腹だったので喜んでいたけど。

ここにも注目！

☆「そうなの？」としてよくReally? が使われますが「本当か？」と真偽を問う時にも用いる相づちなのであまり使い過ぎたくないですね。“Was it?” が32ページに出ていますが、was を含む文への軽い「そうなの？」という応答です。もしis が使われた文なら “Is it?” で、人が主語で現在形なら “Are you?” や “Is he?”、過去形なら “Was she?” や “Were they?” となります。語順を入れ替えて “It was?” や “You are?” のようにするのも可能です。

☆OK は口調によってさまざまなニュアンスが表せます。明るく “OK!” なら「良い」「大丈夫」という肯定的な、がっかりしたように言うと「可もなく不可もなく」という意味合いになります。

03 Please be quiet.

静かにしてください。

ある状態を要求する時は "Be …."

ある状態（＝形容詞 / 名詞）でいるよう求める命令表現で、通常親しい間柄や対等か目下の人に対して使われる。

基本：Be＋…（＝形容詞 / 名詞）＝…にして

リアルフレーズ

▶ Be careful. The pot is very hot.	気を付けて。その鍋すごく熱いよ。
▶ OK, children.	いいこと、子どもたち。
Be nice and polite to our guest.	お客様にはよい子で礼儀正しくね。
▶ You are fine.	あなたなら大丈夫。
Just be confident and be yourself.	自信持ってありのままでいたらいいよ。
▶ To be Amanda's boyfriend, be fashionable, be kind, be generous, be funny, be romantic, be polite and be brave.	アマンダの彼氏になるには、おしゃれで、親切で、気前よくて、面白くて、ロマンチックで、礼儀正しく、勇敢になるんだな。
▶ Please be honest.	正直にどうぞ。
▷ OK. Your ideas aren't interesting.	了解。君のアイデアは面白くない。
Be creative. Be unique. Be original.	創造的に、個性的に、独創的になって。
▶ Your speech has no emotion.	スピーチに感情がこもっていない。
Be a good actress!	デキる女優になるんだ！

▶ **I'm a beginner, so be a little patient with me.**
私は初心者だから、ちょっと辛抱してくださいね。

▶ **Any advice for me before studying overseas?**
留学前に何かアドバイスあります？

▷ **Be open-minded and be flexible.**
オープンな心で、そして柔軟でありなさい。

▶ **You're home all day. Be more active.**
一日じゅう家にいるんだね。もっと活動的になりなよ。

ここに注目！

☆"Let's be ... ." でもう少し柔らかな表現に。
相手にだけ要求するのではなく自分を含めた「〜にしましょう」

○ **Be** fair. 公平にしろ。
→ Let's **be** fair. 公平にしましょう。

○ **Be** on time. 時間厳守だ。
→ **Let's be** on time. 時間厳守ね。

☆英語では彼氏のことを boyfriend と言うことによく驚かれます。直訳である「男友達」ではなく、男性の恋人を指すのです。では、女性から見た「男友達」はどう呼ぶのでしょうか？ male friend と呼ぶことが多く、気さくな感じで guy friend と言うこともあります。男性から見た「女友達」なら female friend ですが、友人であればわざわざ性別を言わなくて、いずれも friend で十分です。

Don't be shy.

内気にならないで。

「～にならないで」は "Don't be ～"

ある状態を禁止する命令表現で、通常親しい間柄や対等か目下の人に対して使われる。

基本：Don't＋be＋…（＝形容詞 / 名詞）　＝　…にならないで

リアルフレーズ

▶ **Don't be nervous. Just relax.**	緊張しないで。力を抜いて。
▶ **Your boss is a real workaholic.**	君の上司は生粋の仕事中毒者だね。
Don't be like him.	彼のようにならないで。
▶ **This dog is really nice.**	この犬、本当にいい子なんだ。
Don't be afraid.	怖がらないで。
▶ **This is the end of the world.**	この世の終わりだ。
▷ **Come on. Don't be so negative.**	あのさ、そんなに否定的にならないで。
▶ **Sorry. It was just a joke.**	ごめん、冗談だよ。
Don't be so serious.	そんなに深刻にならないで。
▶ **I am not happy about this part.**	この部分に満足していないんだ。
▷ **Oh, don't be such a perfectionist.**	まぁ、そんな完璧主義者にならないで。
▶ **Don't be an average dancer.**	フツーのダンサーになんてなるな。
Be a star dancer.	スターダンサーになるんだ。

▶ **Don't be a stranger.** 疎遠（他人）にならないで。
Text me any time. いつでもメールしてね。

▶ **It's all my fault!** すべて私のせい！
▷ **Don't be so hard on yourself.** そんなに自分に厳しくならないで。
It was an accident. 事故だったんだよ。

ここにも注目！

☆ "Let's not be …." で自分を含めた「～にならないようにしましょう」でよりソフトに

○ They are important clients. 大事なお客さんです。
Don't be late. 遅れるな。
→ **Let's not be** late. 遅れないようにしましょう。

○ Come on. This is a discussion class. ほら、ディスカッションのクラスですよ。
Don't be passive. 受け身でいるな。
→ **Let's not be** passive. 受身でいるのはやめましょう。

☆ Text me と Email me の違いは、前者は携帯電話によるメッセージであることです。もちろん text も email も動詞として使われています。email の e は electronic（電子の）という意味のため省略しません。（e がないと「郵送する」の意味になります）

Hurry.

急いで。

「～して」は動詞だけ！

命令形なのでとっさの場合や親しい間柄や目下の人に対して使われる。

リアルフレーズ

▶ **Follow your dream.** 夢を追いかけて。

▶ **Call me any time.** いつでも電話して。

▶ **Relax. Everything is all right.** 落ち着いて。何も心配ないから。

▶ **Wait! Come back!** 待って！　戻ってきて！
Here is your change. こちら、お釣りですよ。

▶ **This is for you. Go ahead.** これはあなたに。どうぞ。
Open it. 開けてよ。

▶ **This is tempura – deep fried seafood and vegetables.** これは天ぷら、海産物や野菜を揚げたものだよ。
Try some. いくらか食べてみなよ。

❗「食べる」だから "Eat some." でもいいですが、try だと「試しに」って意味が込もるね。

▶ **Now, watch the magician's hat.** いいかい、手品師の帽子を見ていて。

▶ **Drive carefully and have a safe trip.** 運転に気を付けて、安全な旅をしてね。

▶ **Look at that! It says 50% off.** あれ見て！ 50%引きだって。
Let's check it out. 見てみようよ。

▶ **This is the end of the test.** これでテスト終了です。
Please stop writing. 書くのをやめてください。
Put your pencils down. 鉛筆を置いてください。

▶ **Think about it** それについて考えて、
and tell me your answer tomorrow. 明日返事を教えて。

▶ **Please feel free to ask me.** お気軽に尋ねてくださいね。

ここにも注目！

☆ **"Let's ...." にすると自分を含めた言い方にできる。**
「～をしましょう」ならよりソフトな、協力を呼びかけるニュアンスに。

○ **Stop** talking and **listen** to him. 話をやめて彼の話を聞け。
→ **Let's stop** talking and **listen** to him. 話をやめて彼の話を聞こうよ。

○ **Do** something about this mess. この散らかりをなんとかしろ。
→ **Let's do** something about this mess. この散らかりをなんとかしようよ。

☆ change は動詞では「変化する」で知られていますが、名詞だと「釣銭」「小銭」の意味になります。英語では時々品詞によって意味が異なるケースがあります。他には mind は名詞では「心」や「知力」を意味しますが、動詞だと「嫌がる」「気にする」という意味に、break は名詞では「休憩」や「休暇」ですが、動詞では「壊す」ですね。

☆「見る」を意味する look at、watch、see の使い方の違いに迷うことがあります。look at ～はちらっと見ての認識に、watch ～は動きを目で追うので動画やスポーツ等に、see は視野に入ってくるものを受け止める、という意味で使われます。

同様に「受け取る」を意味する receive と take の違いは、前者はメールや荷物の受け取りに、後者は「もらう」「持ち帰る」として使われます。

Don't give up.

あきらめないで。

「〜しないで」は〝Don't 〜〞

禁止命令形として親しい間柄や目下の人に対して使われる。

基本：Don't＋〜（＝動詞）＝〜しないで

リアルフレーズ

▶ Don't work too hard.	働きすぎないでね。
▶ Don't rush. We have time.	慌てないで。時間はあるよ。
▶ Don't miss this chance.	このチャンスを逃さないで。
▶ Please go. Don't wait for me.	行ってください。私を待たないで。
▶ Don't lose this. It's the last one.	これを失くさないでね。最後の一個だから。
▶ Don't touch this. It is very delicate.	これに触らないでね。とても繊細なんだ。
▶ Don't believe him. That was a joke.	彼の言うことを信じないで。今のは冗談だから。
▶ That's not true. Don't listen to her.	そんなのウソだよ。 彼女の言うことは聞くなって。
▶ Your room is messy.	部屋が散らかっているね。
▷ I know. Just don't look.	分かってるよ。見なけりゃいいだろ。

▶ **I have bad news for you.** 悪い知らせがあるんだ。
Don't get angry / mad, OK? 怒らないでよ、いい？

▶ **This is a secret between us.** これは私たちの間の秘密。
Don't tell anyone. 誰にも言わないで。

▶ **Please don't worry about it.** そのことは心配しないでください。

▶ **Don't forget to take this, please.** これを持ち帰るのを忘れないでください。

▶ **Don't hesitate to ask questions.** 質問は遠慮なく。

ここにも注目！

☆ **"Let's not …." で自分を含めた、呼びかけるニュアンスにできます。**

○ **Don't** fight. ケンカするな。
→ **Let's not** fight, OK? ケンカはよそうね。

○ **Don't** make the same mistake. 同じミスをするな。
→ **Let's not** make the same mistake. 同じミスはやめようね。

☆「信じる」を意味する believe と trust ですが、違いがあります。believe は「その人の言っていることを信じる」、trust は「その人を信頼する」です。いずれも目的語はその人だけで、believe me や trust you のように使います。例えば普段信頼している人が言ったことが正しいと思えない時に I don't believe you. と言いますが、それは「あなたの人格を信頼していない」という意味にはなりません。

「聞く」は listen to それとも hear でしょうか？　前者は「人の話を聞く」「注意を払って聞く」、後者は「聞こえてくる」「(情報などを) 耳にする」として使います。人の話を聞く場合も声が聞こえる場合も、listen to him や hear her のように目的語はその人だけで構いません。

07 We often go to that karaoke place.

私たちよくあのカラオケ店に行くよ。

普段すること、不変の事実、知覚等は動詞の現在形で

主語が三人称単数の場合は動詞に s が付きます。(例文は、習慣を述べている)

基本：主語＋動詞＝普段の行為・不変の事実・知覚や意見等

否定：主語＋don't / doesn't＋動詞　疑問：Do / Does主語＋動詞？

リアルフレーズ

▶ **I usually come home around 7 (o'clock).**	たいていは7時頃に帰宅します。
▶ **The store opens at 9 (o'clock). They sell all kinds of sweets.**	その店は9時に開店。ありとあらゆるスイーツを売っています。
▶ **Don't you drink wine?**	あなたワインいけるんじゃなかった？
▷ **Yes. I sometimes go to a wine bar.**	はい。時々ワインバーに行きますよ。
▶ **This is coffee for your friend. Does she take cream or sugar?**	これ、あなたのお友達のコーヒー。彼女ってクリームとか砂糖を入れる？
▶ **Do you follow his tweets?**	彼のツイートをフォローしてる？
▷ **No. I don't have the time.**	いいえ。そんな時間はないよ。
▶ **Jill handles customer complaints, and Anna manages documents.**	ジルが顧客の苦情に対処して、アナが文書を管理します。
▶ **Do you get a lot of rain here?**	ここはよく雨が降りますか？

▶ **Zero degrees Celsius equals 32 degrees Fahrenheit.**
摂氏0度は華氏32度に等しい。

▶ **Children usually pick up foreign languages quickly.**
子どもはたいてい外国語を覚えるのがはやい。

▶ **Oil and water never mix.**
油と水は決して混ざらない。

▶ **I understand, but I don't believe it.**
分かるけど、そんなの信じないよ。

▶ **Do you feel the same way?**
君も同じ気持ち？
▷ **Oh, yes. I agree with you.**
もちろん。あなたに賛同するわ。

▶ **This tastes like tuna.**
これはツナのような味がするね。

▶ **My daughter remembers all the family trips.**
私の娘は家族旅行をすべて覚えてる。
▷ **Does she? That sounds amazing.**
そうなの？　それってすごい。

❶ 聞いた情報への反応に動詞の sound はよく使われるよ。「そのアイデアいいね」なら That idea sounds good. 見たものへの反応は look。おいしそうな料理を見て This looks delicious. ってね。

ここにも注目！

☆同じ「帰宅する」でも go home と come home は異なります。前者は出先から家に向かうこと、後者は家に到着することを指します。

Everyone is talking about it.

その話でもちきりだよ。

現在進行形は、be 動詞＋動詞＋ing

現在進行している行為や近未来の予定を表す。

基本：主語＋be 動詞（am / is / are）＋～ing＝［主語］は～しているところ

否定：主語＋am / is / are＋not＋～ing

疑問：Am / Is / Are＋主語＋～ing?

リアルフレーズ

▶ **Times are changing.**	時代は変わりゆくね。
▶ **I am looking at the menu, but I am listening to you, too.**	私はメニューを見てるけど、あなたの話も聞いているからね。
▶ **Hey, are you crying?**	ちょっと、泣いているの？
▷ **No, I'm not!**	泣いてないよ！
▶ **I am recovering from a cold.**	まだ風邪が治りきっていないんだ。
▶ **Shhh! The baby is sleeping. Don't wake her up.**	しーっ！　赤ちゃんが眠っているの。起こさないで。
▶ **He is thinking about quitting school.**	彼は退学を考えてるよ。
▷ **He? Are you talking about Michael?**	彼って？　マイケルの話？
▶ **Is Lisa going out with Ted again?**	リサはまたテッドとお出かけ？
▷ **Uh-huh. Something romantic is happening.**	うん。何かロマンチックなことが起こっているね。

▶ **Are you looking for Kevin? Look over there. He's standing by the kiosk.**	ケビンを探している？ あっちを見て。キオスクのそばで立っているよ。
▶ **The printer isn't moving.**	プリンターは動いていないね。
▷ **Just wait. It's getting ready.**	待って。準備をしているところだよ。
▶ **Are you closing now?**	閉店するところですか？
▷ **No, no. Please come in. We're just cleaning.**	いえいえ、どうぞ。掃除しているだけですから。
▶ **Is Patrick there?**	そこにパトリックいます？
▷ **Yes, he is, but he's talking on the phone.**	いますけど、電話中ですよ。
▶ **This is a nice party. Are you having a good time?**	素敵なパーティーね。楽しんでる？
▶ **So, are you saying I am wrong?**	つまり、私が間違ってるってこと？
▷ **No! I am not saying that at all.**	いや、そんなこと全然言っていないって。
▶ **Slow down! You're speaking too fast. Remember, English is my second language.**	もっとゆっくり！　話すの速すぎ。覚えていてね、英語は私の第二言語ってこと。
▶ **Are you going to the station?**	駅に行くところ？
▷ **No. I am meeting my client.**	いいえ。クライアントに会うところ。

I was looking for this.

これ、探していたんだよ。

過去進行形は be 動詞（過去形）＋動詞 ing

過去のある時点に進行していた（最中だった）行為を指す。

基本：主語＋was / were＋～ing＝～していた

否定：主語＋was / were＋not＋～ing　疑問：Was / Were＋主語＋～ing?

リアルフレーズ

▶ **Is Bob there?**　ボブそこにいる？

▷ **No. He was sitting at his desk a minute ago.**　いえ、さっきは席に座っていたけど。

▶ **I was thinking about our anniversary. Does French sound good to you?**　二人の記念日のことを考えていたんだ。フレンチでいいかな？

❗ French は a French dinner の略。中華料理なら Chinese だけで a Chinese dinner や lunch のことだと分かります。日本語でもそうですね。

▶ **Tony got a speeding ticket.**　トニーはスピード違反の切符を切られた。

He said he was driving 130 km / h.　時速130キロで走っていたんだって。

▶ **I was waiting for you at a table.**　席で君のことを待っていたんだよ。

▷ **Well, I was looking for you outside the door.**　あら、私は入口の外であなたを探していたのよ。

▶ **Sorry, I wasn't listening.** ごめん、聞いていなかった。
▷ **I know. You were looking at your smartphone.** だよね。スマホ見てたもんね。

▶ **Too bad. I was hoping to see you at the party.** 残念だな。パーティーで君に会えると願っていたのに。

▶ **I made the same mistake! I wasn't thinking, was I?** 私ったら同じミスをしちゃった！きっと考えていなかったのね。

▶ **Tisha was seeing Ted, but they broke up.** ティシャはテッドと付き合って（＝会って）いたけど、二人は別れたよ。

▶ **I was just browsing in the store, and I found this!** 私はただ店内をぶらついていたの。そしてこれを見つけたの！

▶ **We were just looking at the sky. Then we saw three shooting stars.** 私たちはただ空を見ていたんだ。そしたら流れ星を３つ見たよ。

▶ **Hey, I just heard my name. Were you talking about me?** ちょっと、今私の名前が聞こえたわ。あなたたち、私の話をしていた？

▶ **The team was losing, but Derek scored a goal.** チームは負けていたのだが、デレックがゴールを決めたんだ。

▶ **The shop was doing well, but it closed down.** その店はうまくいっていたのに、閉店したんだ。
▷ **Maybe the owner was getting old.** 多分オーナーが年老いてきたんだ。

Sorry, I forgot.

ごめん、忘れてた。

過去に済んだ行為は過去形

動詞の過去形は現在形と違い、主語の形（三人称単数でも）にかかわらず形は一貫して変わりません。（参照 22ページに過去形活用表あり）

基本：主語＋～（＝動詞の過去形）＝[主語] は～した

否定：主語＋didn't＋動詞（原形）　疑問：Did＋主語＋動詞（原形）?

リアルフレーズ

▶ **Is Irene there?** アイリーン、そこにいる？

▷ **No. She just stepped out.** いえ、ついさっき出ていきました。

▶ **I saw that movie last weekend.** あの映画先週末に見たよ。
To be honest, I didn't enjoy it. 正直、面白くなかった。

▶ **My reservation number is V26.** 予約番号は V26です。

▷ **Did you say B or V?** B それとも V って言いました？

▶ **I said V – V as in victory.** V です。victory の V。

▶ **Did you have a good trip?** いい旅だった？

▷ **Yes, we did! We took tons of photos.** うん！　たくさん（＝何トンもの）写真を撮ったよ。

? もしかして英語ってよく誇張表現を使う？

! 確かに。他に「長時間」のことを forever（永遠に）とか ages（複数の時代）、「きつい」とか「大変だ」を killing me（死なす）って言ったりするね。

▶ **Did you find our office all right?** 弊社を見つけるのは大丈夫でした？
▷ **Yes. I had no trouble.** はい。問題ありませんでした。
Thanks for the map. 地図をありがとうございます。

▶ **I majored in Chinese,** 中国語を専攻したから、
so I didn't study English very much. 英語はあまり勉強しなかったんだ。
▷ **I didn't know that.** それは知らなかったな。

▶ **I didn't hear the phone.** 電話が聞こえなかったんだ。
Did you just call me? たった今電話くれた？

▶ **Did I answer your question?** 今ので君の質問の回答になった？
▷ **Yes, you did. I learned a lot.** はい。とても勉強になりました。

ここにも注目！

☆「～してくれた？」と直接的に尋ねるのがはばかられる場合は…

"Did you～?" の代わりに "Did you have time / a chance to～?" で「その機会/時間があったか」とやわらかい言い方にできます。

Did you finish the report?（報告書を書き終えた？＝No と言いにくい）
→ Did you **have time to** finish the report?
（報告書を書き終える時間があった？）

Did you think about it?（それについて考えた？＝No だと失礼…？）
→ Did you **have a chance to** think about it?
（それについて考える機会があった？）

☆スペルの確認をするフレーズが出てきました。他に A as in April、B as in boy、C as in China。、D as in David のように、月名、簡単な単語、よくある名前、国や都市名も使います。

11 I will call you.

電話するよ。

これから起こす行動や予定は未来形 will

未来にすること全般に使い、状況を見て「ではこうしよう」と言うとっさの決定も含む。疑問文は「するつもり？」と予定を問う場合と「してくれる？」と依頼している場合がある。

基本：主語＋will＋動詞

否定：主語＋will not（＝won't）＋動詞

疑問：Will＋主語＋動詞？

リアルフレーズ

▶ **Dinner will be ready in a few minutes.** 夕食はあと数分でできますよ。

▶ **Your phone was ringing.** 電話鳴ってたよ。
▷ **Thanks. I'll check it.** ありがとう。見ておくよ。

▶ **Thanks for the invitation.** ご招待をありがとう。
I will check my schedule and email you. 予定を確認してからメールします。

▶ **I'll be back. I'll go to the restroom.** すぐ戻るね。お手洗いに行ってくる。
▷ **OK. I will wait here.** 分かった。ここで待っているね。

▶ **Is Lydia in? I need to speak with her.** リディアいる？　彼女と話がある。
▷ **OK. I'll call her now. Please hold.** 分かりました。今電話します。お待ちください。

▶ My bus is coming. I'll run to catch it.	バスが来る。走って乗るね。
▷ Bye. I'll see you tomorrow.	じゃあ、明日ね。
▶ Go about three blocks.	3ブロックほど行ってください。
Then you will see the museum on your right.	そしたら右に美術館が見えてきます。
▶ You have a headache, don't you?	頭痛がするのね？
Then I will not bother you.	では邪魔しないでおくね。
▶ This battery is dead.	この電池、切れているよ。
This won't help.	これじゃ使えないね。
▶ Don't rush.	慌てないで。
I'll hold the elevator for you.	エレベーターを押さえておくよ。
▶ Will you be at the party, too?	あなたもパーティーに来るよね？
▷ Yes. We'll have fun!	はい。きっと楽しいよ！
▶ I fixed this with glue.	これ接着剤で直しておいたよ。
Will this be all right?	これで大丈夫かな？
▷ It looks good, but we'll see.	大丈夫そうだけど、様子見だね。
▶ Will you think about it? No rush.	考えておいてくれる？　急がないよ。
▶ This is really nice. I'll take it.	これ本当にいいですね。買います。
Will you giftwrap it?	ギフト包装してくれます？
▶ Will you marry me?	結婚してくれる？
▷ Yes, I will!	はい、そうします！

12 I am going to work overseas.

海外で働くことになりました。

すでにとりかかっている未来の予定は be going to ～

前章の will と共通して未来を語るが、すでにとりかかっている予定を指す傾向がある。

基本：主語＋be 動詞＋going to＋～（＝動詞）＝［主語］は～することになる

否定：主語＋be 動詞＋not＋going to＋～

疑問：be動詞＋主語＋going to＋～?

リアルフレーズ

▶ **So, you are going to be a teacher!** で、君は教師になるんだってね！

▷ **Yes, I am.** はい、そうなんです。

▶ **Are we going to take a lunch break soon?** もうすぐお昼休みにします？

▶ **Look at the forecast!** 予報を見て！
The typhoon is going to pass through here. 台風はここを通過するよ。

▶ **I'm going to stop at the bakery.** ベーカリーに寄るね。
Are you going to come with me? 一緒に来る？

▶ **We are going to pay separately.** 私たちは別々に支払います。
And I am going to pay mine by credit card. 私の分はクレジットカードで支払います。

▶ **Breakfast** is not going to **be ready until 8.** | 朝食は8時から用意できます。（直訳：8時まではできない）

▷ **Too bad. We**'re not going to **have time to eat, then.** | 残念。それじゃ食べる時間はないね。

▶ **We**'re going to **check out early tomorrow. Is someone** going to **be at the front desk?** | 私たち、明日早くにチェックアウトします。誰かフロントにいるでしょうか？

▶ **Canada Travel Guidebook?**
Are **you** going to **travel there?** | カナダ・トラベル・ガイドブック？そこへ旅行するの？

▶ Are **we** going to **drive or take the train?** | 車で行くの、それとも電車で行くの？

▷ **We**'re going to **take the car.** | 車で行くよ。

▶ **I** am going to **get a health checkup. I have a reservation.** | 健診を受けるんだ。予約してあるんだ。

▶ **Isn't that a school backpack?**
Is **your son** going to **start school soon?** | あれってランドセルじゃない？息子さん、もうすぐ就学なの？

▶ **Is this dress yours?**
Are **you** going to **attend a wedding or something?** | このドレス、あなたの？結婚式に出席するとか？

▶ Aren't **you** going to **take an umbrella?**
You're going to **get wet on the way home.** | 傘を持って行かないの？帰りに濡れちゃうよ。

TRACK 13

13 She wants everything.

彼女はなんでも欲しがる。

欲しい物やしたいことは want

欲していることを率直に述べる表現で、物（名詞）と行為（to＋動詞）の両方に使える。

基本：主語＋want(s)＋～(＝名詞 / to＋動詞)＝～(物)が欲しい / (行為)がしたい

否定：主語＋don't / doesn't want＋～	疑問：Do / Does 主語＋want＋～?

リアルフレーズ

▶ **I want a dog, my daughter wants a cat,**
but my husband doesn't want any pets in the house.
私は犬、娘は猫を飼いたいんだけど、
夫は家にはどんなペットもいらないって。

▶ **I don't want these books in the house any more.**
Do you want any of these?
これらの本、もうウチにはいらないの。
どれか欲しい？

▷ **I want this and this.**
これとこれが欲しいな。

▶ **Do you want a pancake or toast for breakfast?**
朝食にパンケーキ、それともトーストがいい？

▷ **Actually, I don't want to eat anything this morning.**
実は今朝は何も食べたくないの。

▶ **We want to go shopping near here.**
Will you recommend some good places?
私たちは近くで買い物に行きたい。
よい所を教えて（＝薦めて）もらえます？

▶ **The company wants someone with English skills.**
Do you want to apply?
その会社は英語力のある人を求めているよ。
応募する？（直訳：応募したい？）

▶ **Josh is a great singer!**
ジョッシュって歌すごくうまいよね！
▷ **Did you know he wanted to be a pro?**
彼はプロになりたかったって、知ってた？

▶ **Mom doesn't want to cook tonight.**
She wants us to order pizza.
ママは今夜料理したくないんだって。
私たちにピザの注文をして欲しいって。

❗ このように行為をしてほしい相手を入れることもできます。order pizza は she がするのでなくて she が us に望んでるってことに注意。

▶ **Do you want me to microwave that?**
それ、レンジでチンしようか？
（＝私にそうして欲しいか？）

ここにも注目！

☆丁寧に言いたい場合は、want を would like に変えて

I **want** orange juice.（オレンジジュースが欲しい）＝直接的な要求
→ I **would like** orange juice.（オレンジジュースがいいです）＝丁寧

Do you **want** cream or sugar?（クリームか砂糖いる？）
→ **Would** you **like** cream or sugar?（クリームか砂糖はご入用ですか？）

I **want to** make a reservation.（予約したいんだ）
→ I **would like to** make a reservation.（予約したいです）

A customer **wants to** see it.（客がそれを見たがっている）
→ A customer **would like to** see it.（お客様がそこをご覧になりたいそうです）

Do you **want** me **to** wait here?（私はここで待っていようか？）
→ **Would** you **like** me **to** wait here?（私はここで待ちましょうか？）

14 I like it!

それ、気に入った！

好きな、または気に入った物や行為は like

like は普段から好きな、あるいは今気に入った、物（名詞）と行為（～ing または to＋動詞）について使える。～ing と to＋動詞はあまり違いはないが、その行為をしながら言うなら～ing がより適している。（例文は it（＝それを）like（＝気に入った）としているが、普段から好きだと述べている場合も同様）

基本：主語＋like(s)＋～(＝名詞 / ～ ing / to＋動詞) ＝～が好きだ / 気に入った

否定：主語＋do / does not like＋～

疑問：Do / Does＋主語＋ like＋～?

リアルフレーズ

▶ **I like dogs, my daughter likes cats, but my husband doesn't like any pets.**
私は犬、娘は猫が好きだけど、夫はどんなペットも好まない。

❗ 前章の want では「一匹欲しい」ということで dog や cat は単数形でしたが、「好き」という話になると犬や猫全般が好きなので複数形に。

▶ **I hear many Japanese people like hot springs.**
多くの日本人は温泉が好きって聞くよ。

▷ **Yes, we do.**
そうなんですよ。

▶ **You like her, don't you?**
彼女のことが好きなんでしょ？

▷ **Ah, well, yes, I guess I do. Does it show?**
ええっと、その、うん、そうかな。ばれてる？

▶ **Do you like sitting in the front row, too?**	あなたも最前列に座るのが好き？
▷ **Yeah. I like to be really close to the stage.**	うん。私は舞台そばが好き。
▶ **Was everything all right during your stay?**	こちらでの滞在は問題ありませんでした？
▷ **Sure. I liked the room and the breakfast.**	もちろん。部屋も朝食もよかったです。
▶ **Did you just hear snoring?**	今のいびき聞こえた？
Look. My dog likes sleeping on this sofa.	見て。うちの犬このソファーで眠るのが好きなんだ。
▶ **I like cooking. Do you?**	私は料理するのが好き。あなたは？
▷ **Cooking is all right.**	料理はいいんだけど。
I just don't like to follow recipes.	レシピ通りにするのが好きでないんだ。
▶ **Do customers like the new staff member?**	お客さんたち、新しいスタッフのことお気に召してる？
▷ **Yes. They like him a lot.**	はい。彼のこと、すごく気に入っていますよ。
▶ **This is a gift for her.**	これ、彼女への贈り物なんだ。
▷ **Nice! I think she will like it!**	いいね。きっと気に入ると思うよ。
▶ **I like my coffee black.**	コーヒーはブラックが好き。
▶ **Tina likes her curry hot and spicy.**	ティナはカレーは辛いのが好きなんだ。

❗ hot は「熱い」で知られるけど、spicy と並べることで「辛い」の意味に。

15 The event was canceled.

イベントは中止されました。

受動態は、be 動詞＋過去分詞形の動詞

「～される」という受け身の表現。文末に by …を付けることによって、誰 / 何によってかの説明を補足することもできる。（参照22ページに過去分詞形活用表あり）

基本：主語＋be 動詞＋…（＝過去分詞形の動詞）＝［主語］は…されている

否定：主語＋be 動詞 not＋…

疑問：be 動詞＋主語＋ …?

リアルフレーズ

▶ **Dinner is served between 6 and 9.**	ディナー営業は6時から9時です。
▶ **Many fake news articles are posted on the Internet.**	多くのフェイクニュース記事がネットに掲載されている。
▶ **The program is updated regularly.**	そのプログラムは定期的に更新されます。
▶ **Is your computer locked with a password?**	あなたのパソコンはパスワードでロックされていますか？
▷ **Yes, it is.**	はい、されています。
▶ **Is this seat taken?**	この席は使われていますか？
▷ **No, it isn't.**	いえ、空いていますよ。
▶ **I was told to wait here.**	ここで待つように言われました。
▶ **Tofu is made with soy beans.**	豆腐は大豆でできています。

❗ made of …も OK です。

▶ **The mountain top is covered with snow.**
山頂が雪に覆われているね。

▶ **This is written in very old Japanese, so I understand only half of it.**
これは古代の日本語で書かれており私は半分しか分かりません。

▶ **This temple was originally built in the 16th century.**
このお寺はもともとは16世紀に建てられました。

▶ **The cathedral was rebuilt in 2000. This photo was taken in 1999. See? The old cathedral looked like this.**
大聖堂は2000年に再建された。この写真は1999年に撮影された。ね？ 古い大聖堂はこんな姿だったんだ。

▶ **The main entrance will be locked after 11 PM.**
午後11時を過ぎたら正面玄関には鍵がかけられます。

▶ **Good anti-virus software will soon be installed.**
良質のウィルス対策ソフトがもうすぐインストールされます。

▶ **Some used textbooks are sold there.**
中古の教科書がそこで売られている。

▶ **Your order will be sent by express mail.**
ご注文の品は速達便で送られます。

▶ **The email was sent by mistake.**
そのメールは誤送信された。

▶ **Was this painted by a local artist?**
これは地元アーティストによって描かれたのですか？

16 I'm surprised.

驚いたよ。

受動態で表される「状態」や「感情」がある

感情や状態の中には何かによってもたらされて起こるのだと英語では考えられるものがある。（例文は、何かによって驚かされている（＝be surprised）という形で「驚いている」と語っている。）

基本：主語＋be 動詞＋…（＝過去分詞形の動詞）＝［主語］は…な状態／感情だ

否定：主語＋be 動詞＋not …

疑問：be 動詞＋主語＋…?

リアルフレーズ（状態）

▶ **The meat is still frozen.**
お肉はまだ凍っているよ。

▶ **I think the air conditioner is broken. It doesn't turn on.**
エアコンは壊れていると思う。つかないよ。

▶ **We are not prepared for major earthquakes.**
大きな地震への備えがなっていない。

▶ **Some foreign workers are employed at the factory.**
外国人労働者らがその工場で雇用されている。

▶ **We are connected through social media.**
私たちはSNSを通じてつながっています。

▶ **The meeting room is reserved until 5.**
会議室は5時まで押さえられている。

▶ **The school will be closed during the break.**
休暇中は休校となります。

リアルフレーズ（感情）

▶ **I am excited about your visit to Japan.**
あなたの訪日に心が躍るよ。
(excite＝興奮させる)

▶ **My job is unstable.**
I am worried about the future.
私の仕事は不安定。
将来を案じているんだ。(worry＝心配させる)

▶ **Don't be disappointed.**
がっかりしないで。(disappoint＝失望させる)

Everybody fails once in a while.
誰でも時には失敗するもの。

▶ **I was scared at first.**
最初は怖かったよ。(scare＝怖がらせる)

▶ **Weren't you shocked to hear the news?**
知らせを聞いて、ショックだったんじゃない？

▶ **The construction is over. I am relieved.**
工事が終わってホッとしているんだ。
(relieve＝楽にさせる)

▷ **I was annoyed by the noise.**
騒音が迷惑だったんだ。(annoy＝悩ませる)

▶ **The customers are satisfied with our service.**
お客さんたちはサービスに満足しています。(satisfy＝満足せさる)

▶ **I was amazed / surprised at the child's great potential.**
私はその子の大きな可能性に驚かされた。(amaze＝驚かせる)

▶ **I was touched by your hospitality.**
あなたのおもてなしに感動しました。
(touch＝(心に) 触れる)

17 There is a way.

ひとつ方法があるよ。

「…がある」は There is / are …

…が単数か複数かによって be 動詞が影響を受ける。また、…には聞き手が初めて知る存在がはいるので、「あなたの眼鏡」のように既知の物には使わない。

基本：There＋be 動詞＋…（＝名詞単数 / 複数）＝…がある

否定：There＋be 動詞＋not＋（any*）…

疑問：be 動詞＋there＋（any*）…?

*any は少しも、まったくと否定したり、少し / ひとつでもあるかと尋ねる場合に使う。

リアルフレーズ

▶ **Watch out. There is a bee in the room.** 気を付けてね。部屋に蜂がいるんで。

▶ **There are three ways to tour the island:** 島をめぐる方法は3つあります、
by car, by bicycle, and by bus. 車で、自転車で、それとバスで。

▶ **There was an accident,** 事故があったから、
so the road is closed. 道路は閉鎖。

▷ **Oh, no. There is no other way to get to the city.** 困った。市街へ行く他の道はない。

▶ **Is there a restroom on this floor?** この階にトイレはありますか？

▷ **No, there isn't, but** いえ、ないですが、
there is one in the basement. 地下にならありますよ。

▶ **Is there free Wi-Fi here?** ここに無料の Wi-Fi あります？

▷ There is none here. ここにはないよ。
Try the café next door. 隣のカフェをあたってみなよ。

❶ none はゼロの意味なので、no free Wi-Fi を意味し、There isn't any Wi-Fi. と同様。

▶ Are there any drink machines in the hotel? ホテルには飲み物の自販機がありますか？

❶ 上記のトイレと Wi-Fi は「あるとしたらひとつ」という前提で単数形でしたが、今回のように「あるとしたら館内に複数ありそうだ」と検討がつくなら複数形で尋ねるのが自然。

▶ Are there good places to eat near here? 食事にいい場所がこの近くにありますか？
▷ There are several. 結構ありますよ。
There are some fast food chains and a few local food places. ファーストフードチェーンが数軒と地元料理店が2、3軒あります。

▶ Aren't there any other lunch specials? 他に昼の定食はないんですか？
▷ Sure. There are more on the other side. もちろん。裏面にもっと載っていますよ。

▶ In your package tour, there will be three meals, one hotel night, and a guided one-day bus tour. あなたのパックツアーには、3食とホテル1泊とガイド付きの1日バスツアーが付いています。
▷ Will there be any time for shopping? 買い物する時間ってあります？

ここにも注目！

☆数量の表し方をチェックしておきましょう。few（可算名詞）/ little（不可算名詞）で「ほとんどない」、a few / a little で「2、3」「少し」、some で「いくらか」「程よい量」、several は選択肢がたっぷりあるイメージで、seven（=7）から派生しているという説もあります。

18 I haven't thought about that.

それは考えたことなかったな。

現在完了形は、have＋…（過去分詞）

「…したことがある（経験）」「ずっと…してきた（継続）」「…をしてしまった（完了）」の3パターンがある。

基本：主語＋have＋…（＝動詞の過去分詞）

否定：主語＋have not / never＋…

疑問：Have＋主語＋（ever*）…？

*ever は「今までに」と言い添えたい時に使う。

リアルフレーズ

▶ **I have done this kind of job.**
私はこういう仕事をやったことがあります。（経験）

▶ **Laura has never been away from the island.**
ローラは島の外に行ったことがない。（経験）

❓ been って be 動詞の過去分詞だよね。go の過去分詞の gone ではダメ？

❗ gone は「行ったきり」の場合に使うんだ。be 動詞は「身を置く」の意味。過去形 She was never away from the island. を現在完了形にして「島外に身を置いたことがない」ととらえてみて。

▶ **Have you been to any interesting places?**
面白いところへ行ったことある？（経験）

▷ **Well, I've been to Tibet and Turkey.**
そうねぇ、チベットとトルコに行ったよ。

▶ **Have you seen this movie?**
この映画を観たことある？（経験）

▷ **Yes. Three times!**
はい。3度！

▶ **Have you waited for a long time?** 長く待ちましたか？（継続）
▷ **No. I just got here.** いえ、ちょうど来たところ。

▶ **Have you ever been to Japan?** 日本に行ったことはある？（経験）
▷ **No, I haven't. I'd like to go.** ないです。行きたいですね。

▶ **Have I told you this before?** 私、あなたにこの話をしましたっけ？（経験 / 完了）
▷ **No. This is the first time.** いいえ。これが初めてです。

▶ **Have you used this service before?** こちらのサービスを利用されたことあります？（経験）
▷ **No, I haven't.** いいえ。
▶ **OK. I will explain it, then.** 了解です。それなら説明しますね。

▶ **We need to buy some bread and milk.** パンと牛乳を買っておかなきゃね。
▷ **I've already done it, honey.**（完了） もうやっておいたよ、ハニー。

ここにも注目！

☆過去形と現在完了形の違いを比較

過去形　I just **got** here.（今さっき到着した）
現在完了形（完了）　I **have** just **got** here.（到着したところだ）
※ふたつの文はほとんど違いがない。

過去形　I **didn't** go to Asakusa.（浅草には行かなかった）

現在完了形（経験）　I **haven't been** to Asakusa.（浅草には行ったことがない）
※過去形はある過去の時点（例えば「去年東京に行った時」）を指しており、現在完了形は経験として語っている。

過去形　I **worked** for the company for 3 years.（その会社で3年勤務した）
現在完了形（継続）　I **have worked** for the company for 3 years.（その会社で3年勤務している）
※過去形は過去の職務履歴として、現在完了形は現職の勤続年数として語っている。

19 I have to leave now.

もう行かなきゃ。

「～しなければならない」は、have to ～（動詞）

発音は have to をハフトゥー、has to をハストゥーとする。過去形や未来形もあるが、通常、未来の話は現在形 have / has to でよい。will have to は変化や条件によって、やらなければならなくなった場合やいずれそうなる場合に用いる。

基本：主語＋have / has to ～（動詞）＝［主語］は～しなければならない

否定：主語＋do / does not have to ～＝［主語］は～をしなくてもいい

疑問：Do / Does＋主語＋have to ～?＝［主語］は～をしなければならないか？

リアルフレーズ

▶ **I have to go to my dentist.** 歯医者に行かなければ。

▶ **You and I have to get more exercise.** あなたも私ももっと運動が必要ね。

▶ **Do we have to do this now?** これって今やらないといけないの？
▷ **Yes, we do. We have to hurry.** はい。急がなければ。

▶ **Don't you have to study for the test?** テスト勉強しなくていいの？
▷ **Yes, but I have to have some fun, too.** そうだけど、いくらか楽しみも持たないとね。

▶ **Kate is not going to join us. She has to meet a client.** ケイトは参加しないですよ。彼女はお客に会わないといけない。

▶ **Are you already going to bed?** もう寝るの？
▷ **Yes. I have to get up early tomorrow.** うん。明日の朝は早起きしないといけないんでね。

▶ **You are going to graduate soon.** もうすぐ卒業だよね。
We have to celebrate! お祝いしなくちゃね！

▶ **Look! Your favorite band will be in town.** 見て！　あなたが好きなバンドが来るって。
▷ **Oh, I have to hurry and buy a ticket!** おや、早くチケットを買わないと！

▶ **Linda said she has to lose some weight.** リンダが体重を落とさないといけないって言ってたよ。
▷ **OK. Let's not give her this chocolate cake.** そっか。このチョコレートケーキをあげるのはよそう。

▶ **Does Grandma have to stay in the hospital?** おばあちゃんは入院しなければならないの？
▷ **No. She just has to take some medicine.** いいえ。ただお薬を飲まないといけないだけよ。

▶ **You look tired.** 疲れているように見えるね。
Did you have to work late? 遅くまで残業だったの？
▷ **Yes. I had to write a proposal.** はい。企画書を書かなければならなかったんです。

▶ **I'll have to work some more.** 追加業務をしなきゃいけなくなった。
You don't have to wait for me. 私のことを待たなくていいですよ。

▶ **Now I have English-speaking clients.** 新規のお客は英語を話すんだ。
I will have to improve my English skills. 英語力を向上させないと。

20 Let's start.

始めましょう。

「～しましょう」は、Let's ～（動詞）

もともとは Let us の省略なので、話し手と聞き手の双方（＝us）がする行為を指します。Let's ～が積極的なのに対して、疑問形の Shall we ～？は相手の意向を尋ねているため、押しの強さが軽減します。

基本：Let's ～（＝動詞）＝～しましょう

否定：Let's not ～＝～しないでおこう

疑問：Shall we ～?＝～しましょうか？

リアルフレーズ

▶ **I'm ready.** 用意できたよ。
▷ **OK. Let's go.** オッケー。行きましょう。

▶ **Let's eat out tonight.** 今夜は外食しましょう。
▷ **That sounds good.** それいいね。

▶ **Grandma's birthday?** おばあちゃんの誕生日？
Let's buy her favorite pumpkin pie. おばあちゃんの大好きなパンプキンパイを買おうよ。

▶ **Do you think the Chinese place is still open?** あの中華料理店、まだ開いているかな？
▷ **I don't know. Let's hope so.** どうかな。そう願いましょう。

▶ **A storm is coming. Let's not go out.** 嵐が来るね。出かけないでおこう。

▶ Let's take a break. 休憩を取りましょう。
▷ All right. Shall we come back at one o'clock? いいですね。1時に戻りましょうか？

▶ We got hacked. ハッキングされた。
Let's not panic. パニックに陥らないようにしよう。
Let's start by changing the password, shall we? パスワードの変更から始めましょう、いいね？

▶ The toaster is broken. トースターが壊れているね。
Shall we buy a new one? 新しいのを買おうか？
▷ Let's try to fix it first. まずは直してみようよ。

▶ Daddy, let's spend more time together. パパ、もっと一緒に時間を過ごそうよ。
▷ That's a good idea. そうだね。
Sorry, I haven't been home much. ごめんね、あまり家にいなかったね。

▶ We are always home. 私たち、いつも家にいるよね。
Let's go out more often. もっと出かけようよ。
▷ You're right. Shall we go cycling? 確かに。サイクリングに行こうか？

▶ We need to stop for gas. ガソリン補給をしないと。
▷ OK. Let's stop at that gas station over there. オッケー。あそこのガソリンスタンドに立ち寄ろう。

21 I will call you when I arrive.

着いたら電話します。

「～したら」は、when / if ～

時（when）、あるいは条件（if）を示す節と、その結果を示す節の両方が合わさる文です。when は起こると見込まれていることに、if は「もしも」の話として用います。未来の話でも when / if の節は現在形であることに注意。（例文は、到着したら（＝when I arrive）電話をする（＝will call）と述べている。未来の話であるが arrive は現在形）

基本：When / if 主語＋～（動詞）、…＝～したら（時）/ もししたら（条件）、…

ふたつの節が入れ替わって、… When / if 主語＋～（＝動詞）ともできる。

リアルフレーズ

▶ **Please tell me when you are ready.** 準備できたら知らせてください。

▶ **If you are ready, shall we go ?** 準備できてるなら行きましょうか？

▶ **Let's try the new pasta place when it opens.** 例の新しいパスタ屋がオープンしたら行ってみようよ。

❶ この open は「新規オープン」でも「通常営業の開始」でも同様だよ。

▶ **Let's have an early lunch if the Italian place is open.** そのイタリア料理店が開いていたら早めの昼食を取ろうよ。

▶ **My mom sings when she is happy.** 母が歌うのは機嫌がいい時だ。

▶ **When the bathwater gets cold, press this button.** お風呂のお湯が冷えてきたら、このボタンを押してね。

❶ この文は、When が If でも成り立つね。

▶ **Please call me if you need any help.** 助けが必要な際には電話してね。

▶ **If you have any questions, please call or email me.** もし質問があれば、電話かメールをください。

▶ **I'll see you when you come back from your trip.** あなたが旅行から戻った時にお目にかかりますね。

▶ **Won't you stay for dinner if you have time?** もし時間があるなら、夕食までいませんか？

▶ **If you have a credit card, booking is easy.** クレジットカードを持っていたら、予約は簡単ですよ。

▶ **When Keith comes, he will tell us about his new job.** キースが来たら、私たちに新しい仕事のことを教えてくれるだろうね。

▶ **If you don't mind, will you show me the photos of your trip?** もしもあなたが構わなければ、旅の写真を見せてもらえますか？

▶ **When I was calling you, the battery was low. Sorry, I had to cut it short.** 私があなたに電話をかけた時、バッテリーが低くなっていたのです。早く切り上げてごめんね。

▶ **She was fine when I saw her two days ago.** 彼女は元気でした２日前に会った時は。

▶ **If you want, I'll send you the recipe.** もしご希望でしたらレシピを送りますよ。

▶ **You were 17 when we met the last time.** あなたは17歳でしたよね前に会った時は。

▶ **If you get lost, you can call me.** 道に迷ったら電話をくれたらいいからね。

01 You are nice.（be 動詞現在形）より

1. あそこにいるのは私の弟のレイです。彼は大学生です。

______ ____ my younger _______, Rei. ____ ____ ____ university _______.

2.「あなた、ここで快適？　暑くない？」「いいえ。大丈夫です」

"______ _____ comfortable here? ________ you ____?" "No, __ ____ fine."

3. これは少し私には高額過ぎるかな。

This ____ ___ _______ _____ ___________ for me.

4. 私にとっては走ることって楽しいんだ。

For me, ___________ ____ ______.

Answer: 1. That is, brother, He is a, student 2. Are you, Aren't, hot, I am 3. is a little（または bit）too expensive 4. running is fun

02 The concert was great.（be 動詞過去形）より

1. 私たちは前の家には満足していなかった。私たちには小さすぎたから。

We __________ happy with our old house. It _______ too small for us.

2.「あなたパーティーにいた？」「具合が悪かったんだ」「え、そうだったの？」

"________ you at the party?" "No. I ____ sick." "Oh, no. You _______?"

3. 私はあまり料理が得意ではなかったんだよね。

__ _______ _______ ___ very ________ cook.

4. ごめんなさい、私、感じ悪かったね。嫉妬してたのかも。

I ___ ________. I _________ nice. Maybe ___ _____ jealous.

Answer: 1. weren't, was 2. Were, was, were 3. I was not a, good 4. am sorry, wasn't, I was

03 Please be quiet.（be 動詞による命令形）より

1. ウサギは繊細なのよ。優しくね。

   Rabbits are delicate. ___ gentle with it.

2. 自信を持ってデキるリーダーでありなさい。

   _____ __________ and _____ a _______ __________.

3. ルールは同じ割引をすべての客に。みんなに公平に。

   The rule is: The same discount for all customers. ______ _______ with everyone.

4. スピードが大事な業界だから、常にすばやくあれ。

   Speed is important in this field, so always ___ ________.

Answer: 1. Be 2. Be confident, be, good（または great）leader 3. Be fair 4. be fast

04 Don't be shy.（be 動詞による禁止命令）より

1.「彼氏は何人いたの？」「ちょっと、そんな詮索好きはやめてよね！」

   "How many boyfriends did you have?" "Hey, ________ _____ _____ curious!"

2. 彼女は反省しているから、厳しくしないでやってよ。

   She is sorry, so please ________ _____ _________ on her.

3. やんちゃ（＝トラブルを起こす人になること）はやめなさいね。

   ________ _____ ___ troublemaker.

4. 仕事中毒になるなよ。

   _______ _____ ___ workaholic.

Answer: 1. don't be so 2. don't be hard 3. Don't be a 4. Don't be a

05 Hurry.（動詞による命令形）より

1. ここにマフィンあるよ。こっちに来て。おひとつどうぞ。

   Here are muffins. ________ ________. _________ one.

2. この記事は君の好きな俳優についてだよ。見てみなよ。

   This article is about your favorite actor. _______ it _____.

3. 喧嘩をやめて。話をして互いに理解しようよ。

   _______ fighting. ______ _______ and understand each other.

4. 教えてほしいことがあります。いい修理業者を知りませんか？

   Please ______ _____ something. Do you know a good repairperson?

Answer: 1.Come here, Take 2.Check, out 3. Stop, Let's talk 4. tell me

06 Don't give up.（Don't による禁止命令形）より

1. さあ、写真を撮るよ。動かないで。

   I'm going to take your photo now. ________ move.

2. 私の言っていることを誤解しないでくださいね。

   Please _______ misunderstand ______.

3. そんなに音を立てないで。

   ________ make ______ much noise, please.

4. いいから、ケンカだけはしないで。

   It's all right. Just ______ _________.

Answer: 1. Don't 2. don't, me 3. Don't, so 4. don't fight

07 We often go to that karaoke place.（動詞の現在形）より

1.「よくここに来るの？」「ええ。月に2回くらいね」

"____ you ________ ______ often?" "Yes, I do. About twice ___ ______."

2. 彼女は子どもたちにピアノを教えています。

______ _________ piano for ____________.

3. 君はそれでいいと思う？

___ _____ ________ it is all right?

4.（聞いたところ）あなたの計画は良さそうね。

Your plan _______ ______.

Answer: 1. Do, come here, a month 2. She teaches, children 3. Do you think 4. sounds good

08 Everyone is talking about it.（現在進行形）より

1.「何かお探しですか？」「いえ、ただぶらぶら見ているだけです」

"_______ you ______ for something?" "No. I ____ just browsing."

2. 速度落として。スピード出しすぎ。

______ ______. You _____ d ________ ______ ______.

3. 新しいスタッフは何とかうまくやってる？

_____ the ______ staff member ________ all right?

4. お元気ですか？　私はここハワイで楽しい時間を過ごしています。

How are you? ___ _____ ________ __ great _____ here in Hawaii.

Answer: 1. Are, looking, am 2. Slow down, are driving too fast 3. Is, new, doing 4. I am having a, time

09 I was looking for this.（過去進行形）より

1.「二度電話したんだよ」「ごめん。マイクと話していたんだ」

"I called you twice." "Sorry, I ____ ________ with Mike."

2.「眠ってたでしょ？」「いいえ！　目を閉じていただけ」

"You _____ ________, weren't you?" "No! I _____ just _______ my eyes."

3. これ、あなたのスマホ。探していなかった？

Here is your smartphone. _______ you ___________ ______ it?

4. あのカップル、うまくいってたと思ったんだけどな。本当に別れたの？

I thought the couple _____ ________ _____. Did they really break up?

Answer: 1. was talking（または speaking）2. were sleeping, was, closing 3. Weren't, looking for 4. was doing well

10 Sorry, I forgot.（過去形）より

1.「何か言った？」「『また明日』って言っただけ」

"_____ you _____ something?" "I just ______ 'See you tomorrow.'"

2. 私たちの申し出について、考えていただけました（＝考える時間があったか）？

_____ _____ have _______ to _________ about our offer?

3.「今の、見た？」「うん、稲妻だね」

"_______ you just ______ that?" "Yes. It was lightning."

4.「そのカップル、別れちゃったよ」「そうなの？　知らなかった」

"The couple _______ up." "_____ they? I _______ _______ that."

Answer: 1. Did, say, said 2. Did you, time, think 3. Did, see 4. broke, Did, didn't know

11 I will call you.（will を使った未来形）より

1. DVD をありがとう。今夜見るよ。

Thanks for the DVD. I _____ w_________ it tonight.

2. 日替わりランチをお願いします（＝もらいます）。

__ _______ have today's lunch special.

3.「これ重いよ。一人で大丈夫？」「多分無理。一緒に来てくれる？」

"This is heavy. _____ you ___ OK by yourself?"

"Maybe not. ______ you _____ _____ me?"

4. ご提案をありがとう。考えてみます。

Thank you for the suggestion. I _____ ________ ________ it.

Answer: 1. will watch 2. I will 3. Will, be, Will, come with 4. will think about

12 I am going to work overseas.（be going to ～を使った未来形）より

1. 空港バスに乗るのですが、チケットをここで売っています？

I ____ __________ ____ take the airport bus. Do you sell tickets here?

2. お茶する時間ってないよね？

We ______ not _________ ____ have ______ for tea, are we?

3. 支払いってテーブルでするのですか、それとも出入口で？

______ I __________ ___ _____ at the table or at the door?

4. 誰か私たちをホテルに迎えに来てくれるのですか？

Is __________ ________ _____ pick us up at our hotel?

Answer: 1. am going to 2. are, going to, time 3. Am, going to pay 4. someone（または somebody）going to

13 She wants everything.（want の使い方）より

1. 私はもっと英語力が欲しい。

I ________ ________ English skills.

2. いろいろな国の人々と話したい。

___ ______ ____ _________ with people from different countries.

3. あなたは今食べたい、それとも後で？

______ you _________ ____ eat ______ or later?

4. そのツアーについてもっと詳細を知りたいのですが。（丁寧に言う場合）

I ________ _______ _____ _______ _______ about the tour.

Answer: 1. want more 2.I want to speak（または talk） 3. Do, want to, now 4. would like to know more

14 I like it!（like の使い方）より

1. 私は映画好きなんだけど、吹替えは好きじゃないんだ。

I _______ movies, but I ________ _______ dubbed ones.

2. 私は地元料理を味わうのが（＝食べてみるのが）好き。

I _______ ________ local food.

3. 彼はステーキはレアが好きだよ。

_____ _________ _____ steak ________.

4. 夕日を見るのが好きですか？

_____ you ________ ______ w__________ sunsets?

Answer: 1.like, don't like 2. like trying（または eating） 3. He likes his, rare 4. Do, like to watch

15 The event was canceled.（受動態）より

1. 焼き立てパンがその店で売られています。

   Freshly baked bread is ＿＿＿＿＿ at the shop.

2. この絵はルーブル美術館から送られてきました。

   This painting ＿＿＿ ＿＿＿＿ ＿＿＿ the Louvre Museum.

3. 驚くことに、この「お肉」は野菜でできているんですよ。

   Surprisingly, this “meat” ＿＿＿ ＿＿＿＿ with vegetables.

4. このお城は50年前に再建されました。

   This castle ＿＿＿ ＿＿＿＿ 50 years ago.

Answer: 1. sold 2. was sent from 3. is made 4. was, rebuilt

16 I'm surprised.（状態と感情を受動態で示す）より

1. パソコンはプリンターとつながっていますか？

   ＿＿ the computer ＿＿＿＿＿＿ to the printer?

2. コーチは我々の出来に満足していない。

   The coach ＿＿＿ ＿＿＿＿＿ ＿＿＿ our performance.

3. その店は月曜定休です。

   The store ＿＿＿ ＿＿＿＿ on Mondays.

4. その旅行が楽しみですか（＝ワクワクしていますか）？

   ＿＿＿ you ＿＿＿＿＿ about the trip?

Answer: 1.Is, connected 2. isn't satisfied with 3. Is closed 4. Are, excited

17 There is a way.（〜がある）より

1. 気を付けてね。蚊がたくさんいるよ。

   Watch out. ______ ________ a lot of mosquitoes.

2. 空港に行く方法はふたつあります、電車か空港バスです。

   ________ ______ ______ ______ to get to the airport: by train or by bus.

3. Wi-Fi につなぐパスワードってありますか？

   _____ _________ a ___________ to connect to the Wi-Fi?

4. 観光にいい場所がこの近くにありますか？

   _____ _________ _____ good places for sightseeing near here?

Answer: 1.There are 2. There are two ways 3. Is there, password 4. Are there any

18 I haven't thought about that.（現在完了形）より

1. 社長に会ったことがありますか？

   ______ you ________ the president?

2. 私はアメフトを観たことは一度もないです。

   I ________ ______ ______ American football.

3. ジョンは日本の結婚式に行ったことってあります？

   _____ John ever ________ to a Japanese wedding?

4. 私はここに長期間勤務しています。

   __ ______ ______ here _____ a long time.

Answer: 1.Have, met (seen だと「見かけた」) 2. have never seen（または watched） 3. Has, been 4.I have worked, for

19 I have to leave now.（しなければならない）より

1. 私は今夜は遅くまで仕事をしないといけません。

I _______ ___ _________ late tonight.

2. あなたは明日の朝早くに起きなければならないですか？

_____ you ________ _____ ______ up ________ tomorrow?

3. あなたは痩せなくてもいいですよ。

You ________ _________ to ________ weight.

4. 私たちは急がなければならないですか？

____ we _______ _____ ________?

Answer: 1.have to work 2. Do, have to get, early 3. don't have, lose 4.Do, have to hurry

20 Let's start.（～しましょう）より

1. 今日は出掛けましょうよ。

________ _____ ______ today.

2. 用意できた？ 始めましょうか？

Are you ready? _______ _______, _______ we?

3. 今夜は外食をしないでおきましょうよ。

________ ______ ______ ______ tonight.

4. 子どもたちともっと時間を過ごしましょうか？

______ we _______ more ________ with the children?

Answer: 1.Let's go out 2. Let's start（または begin）shall 3. Let's not eat out 4.Shall, spend, time

21 I will call you when I arrive.（when/if の用法）より

1. もしあなたに時間があるなら、コーヒーをいかが（＝飲みたい）ですか？

   ____ you ______ time, w________ you ______ some coffee?

2. 私が帰社したら、そのパソコンの問題を調べますね。

   I will check the computer problem ________ I ______ back to the office.

3. もし講演開始後に来られたら、後方ドアをお使いください。

   Please _______ the back door _______ you come in after the seminar starts.

4. 学生だった頃はよくバスケットボールをしました。

   ______ I _____ a student, I ________ basketball a lot.

Answer: 1.If, have, would, like 2. when, come 3. use, if 4. When, was, played

STEP 3

会話の要となる
疑問詞たち

01 what 何

What are you doing?

何してるの？

日本語の「何」と同じでないものもあるので、日本語からの訳でなく「感覚」でとらえてみましょう。

リアルフレーズ

▶ **What's the date today?**	今日の日付は？
▷ **It's June first.** (米)	6月1日です。
It's the first of June. (英)	
▶ **What's for dinner tonight?**	今夜の夕飯は何？
▷ **I don't know yet.**	まだ決めてない。
What do you want to eat?	何が食べたい？
▶ **What is the price?**	値段はいくら？
▶ **What are your hours?**	営業時間はいつですか？
▷ **We're open from 11 to 9.**	11時から9時です。
▶ **What are the sales figures for last month?**	先月の売上高はいくら？
▶ **What are your strengths and weaknesses?**	あなたの長所と短所は何ですか？
▶ **I have to thank you.**	あなたにお礼を言わなきゃ。
▷ **For what?**	何のための？

▶ **Oh, no! Your mother is coming, and this house is a mess.**	ええっ、お義母さんが来るのに、家が散らかっている。
▷ **So what? Just smile and say "Hello."**	それが何だ？　笑顔で「ハロー」と言えばいいだろ。
▶ **What are you looking for?**	何を探しているの？
▷ **My cosmetics bag.**	私の化粧ポーチ。
▶ **Let's see. What does it look like?**	どれどれ。どんな外観？
▶ **What do you like about running?**	ランニングのどういうとこが好き？
▷ **The challenge to the body and mind, I guess.**	心身へのチャレンジかな。
▶ **Sit down, son. We need to talk!**	息子よ、座れ。話がある！
▷ **About what? What did I do?**	何について？　俺が何かした？
▶ **Oh, what am I going to do after college?**	さて、大学卒業後はどうしよう？
▷ **What do you think about teaching English in Japan?**	日本で英語を教えるってどう思う？
▶ **What happened to your hair?**	髪、どうしたの？
▷ **What about my hair? I dyed it green.**	私の髪が何か？　緑に染めたけど。
▶ **You have to CC the team leader.**	チームリーダーに CC してください。
▷ **What do you mean by CC? What does it stand for?**	CC ってどういう意味ですか？　何の略ですか？
▶ **What's wrong with the washing machine? It hasn't started.**	洗濯機、何かおかしいね。作動していないよ。

02 what ～ 何の～

What genre of movies do you like?

何のジャンルの映画が好きですか？

whatの後に名詞を続けて「何の～」とできます。

リアルフレーズ

▶ **What day is convenient for you?**	何曜日が都合いいですか？
▷ **I'm free on Sunday.**	日曜日は空いています。
▶ **What day does the shop close?**	その店は何曜日が定休日ですか？
▷ **They close on Mondays.**	月曜日が休業です。
▶ **What month is the best time to visit the country?**	何月がその国を訪れるのに一番いい時期？
▷ **April and May are really nice.**	4月と5月がとてもいいね。
▶ **What part of Canada are you from?**	カナダのどこから来たのですか？
▷ **Quebec. It's in the eastern part.**	ケベック。東部です。
▶ **What language is spoken there?**	そこでは何語が話されているの？
▷ **They speak French and English.**	フランス語と英語です。
▶ **What size am I? I'm a 42 in the US.**	私は何サイズ？ アメリカでは42号。
▷ **You are a large in Japan.**	日本ではＬサイズです。
▶ **What color did you choose?**	何色を選んだの？
▷ **I chose green.**	緑色を選んだ。
▶ **What model is your car?**	あなたの車の型は何ですか？

▶ What salad dressing would you like? ドレッシングは何がいいですか？
▷ What kinds do you have? どんな種類があります？

▶ What kind of job did Nick get? ニックはどんな仕事に就いたの？
▷ He is in sales now. 今は営業職だよ。

▶ In what department do you work? どの部署でお務めですか？
▷ In the planning department. 企画部です。

▶ What type of computer are you looking for? どんなタイプのパソコンを探してるの？
▷ A laptop. ノート型。

▶ What number do I dial to reach the front desk? フロントにつながるには何番にかけますか？

▶ Sorry. I'm late. 遅れてすみません。
What page are we on? 今何ページですか？
▷ On page 25. 25ページです。

▶ At what station do I get off? どの駅で降りたらいいですか？
▷ At Third Street Station. サードストリート駅で。

▶ If you can speak foreign languages, what advantages do you have? もし外国語が話せたら、どんな利点がありますか？

▶ What time are you leaving? 何時に出発しますか？
▷ At five. 5時に。

▶ For what time did you make the reservation? 何時の予約ですか？

❶ For は文末でも OK。for がないと「予約の行為を何時にしたか」になるので注意。店やホテルの予約は reservation、個人の予約は appointment。

03 where どこ

Where are you going?

どこに行くのですか？

リアルフレーズ

▶ Where are you? どこにいるの？
▷ I'm at the south exit. 南出口にいるよ。

▶ Where are you from? どちら出身ですか？
▷ I'm from Hong Kong. 香港から来ました。

▶ Where is the exit? 出口はどこですか？
▷ Take that hallway. あの廊下を渡ってください。

▶ Where is a good place to go snorkeling? スノーケリングに行くのにいい場所ってどこ？

▶ Where are some popular tourists' spots? 人気の観光地はどこですか？

❗ 複数聞き出したいから複数形で尋ねているね。

▶ Where do you work? どこで勤務しているのですか？
▷ In Osaka. I teach at a school. 大阪で。教員なんです。

▶ Where will we go next? 次はどこに行く？
▷ To the roller coaster! ジェットコースター！

▶ **Where are we going to meet?** どこで待ち合わせますか？
▷ **At the central exit.** 中央出口で。

▶ **Where shall we have lunch?** どこで昼食にしましょうか？
▷ **Where do you recommend?** どこがおすすめですか？

▶ **Where to?** （タクシーで）どちらまで？
▷ **To the airport, please.** 空港までお願いします。

! タクシーでのやり取りですね。

▶ **Isn't this your phone?** これはあなたの電話じゃない？
▷ **Thanks! Where did you find it?** ありがとう！　どこで見つけたの？

▶ **Where do I catch the bus?** どこでバスに乗るのですか？
▷ **Across the street there.** そこの道を渡ったところ。

▶ **Where do you go jogging?** ジョギングはどこに行ってするの？

▶ **I have to get some exercise.** 運動しなきゃ。
Where do I start? どこから始めよう？
▷ **Start with something easy.** 何か簡単なのから始めなよ。

▶ **C'mon. Where is your confidence?** おいおい、君の自信はどこ行った？
▷ **It just flew out the window.** もうなくなったよ。（直訳：窓から飛んで行った）

▶ **Where have you been?** どこにいたのですか？
I was looking for you. 探していたんですよ。

▶ **Where do you stand on the new plan?** 例の新しい案について、あなたの立場は？
▷ **I am for it. I like the idea.** 私は賛成ですよ。いいアイデアだと思う。

when いつ

When do you have time?

いつ時間ある？

リアルフレーズ

▶ When is your birthday? 誕生日はいつですか？
▷ It's October 25th.（米） 10月25日です。
It's the 25th of October.（英）

▶ When is the departure time? 出発時間はいつですか？
▷ At 10:30. 10時30分です。

▶ When will your next visit be? 次回はいつ来られますか？
▷ I'd like to make an appointment for May fifth. 5月5日の予約をいただきたいです。

▶ When did you first come to Japan? 最初の来日はいつでしたか？
▷ Two years ago. 2年前です。

▶ When did you arrive? いつ到着したの？
Did you have to wait long? 長く待った？

▶ When do you have to get to the airport? いつ空港に着かなきゃいけないの？
▷ By 4 o'clock. 4時までに。

▶ We have to write a proposal. 企画書を書かなければならないよ。
▷ By when? いつまでに？

▶ **The department store is holding a big sale.** デパートが大特売やっているよ。
▷ **Until when?** いつまで？

▶ **Will you wait for me?** 待ってもらえる？
▷ **OK. Until when?** オッケー。いつまで？

❗ by と until の違いはいいかな？　by は期限でその時までに何かをする。until はその時までずっと何かが継続すると確認しておこう。

▶ **When is the deadline?** 締め切りはいつですか？
▷ **Next Friday. Send it to me by noon.** 来週の金曜。正午までに私に送るように。

▶ **When do you usually finish work?** 通常はいつ仕事が終わるの？
▷ **At 6, but I will work until 7 tonight.** 6時だけど、今夜は7時まで残業。

▶ **I've been going to a yoga class.** ヨガ教室に通っているんだ。
▷ **Since when? That sounds healthy!** いつから？ 健康的な感じだね！

▶ **When will we find out the result?** いつ結果が分かりますか？
▷ **In about two weeks.** 約2週間後に。

▶ **Do you remember when it happened?** それがいつ起こったか覚えている？
▷ **No, I'm afraid, I don't.** いいえ。あいにく覚えていない。

❗ 単独で「いつ起こった？」なら When did it happen? だけど、Do you remember の後だと疑問形の語順でないことに気づいてね。

05 which どれ

Which coat is yours?

どのコートがあなたのですか？

what に似ていますが、which は原則与えられた選択肢から選び取ります。

リアルフレーズ

▶ **Which school do you go to?** どの学校に通っているの？

❗ what school でもいいけど、校区の範囲内の「どの学校」なので which の出番でもある。

▶ **On which day is your presentation?** どの日にあなたのプレゼンですか？

▷ **On the last day.** 最終日です。

▶ **Which team won the game?** どっちのチームが試合に勝った？

▶ **Which tea would you like?** どちらの紅茶がいいですか？
We have Earl Grey and Darjeeling. アールグレイとダージリンがありますが。

▶ **Which type of bread would you like?** どの種類のパンがいいですか？
We have white, wheat, and rye. 白、麦、ライ麦がございます。

▶ **Which train are we taking, the local or the express?** どっちの電車に乗るんですか？ 各駅停車か特急か。

▶ **Which do you like,** どちらが好きですか？
a Western room with a bed ベッドのある洋間と
or a Japanese room with a futon? 布団のある和室と。

▶ **Did you solve the problem?** 問題は解決した？
▷ **Which problem? We have many.** どの問題？　たくさんありますが。

▶ **Here comes a T. Which way do I go?** 道が分かれている。どちらに進む？
▷ **To the right.** 右へ。

❗ Ｔの形を見ると分かれ道になぞらえるのにうなずけるね。

▶ **Which country exports coffee,** どっちがコーヒーの輸出国だっけ
Vietnam or India? ベトナムとインドでは？
▷ **I think they both do.** 両方だと思うよ。

▶ **Which fast-food shop sells avocado** どのファーストフード店がアボカド
burgers? バーガー売ってる？
▷ **I have no idea. Let's look it up.** 全然知らない。調べてみよう。

▶ **Have you decided which movie to** どの映画を見るか決めた？
watch?

▶ **Do you know which one is real?** どっちが本物だか分かる？

▶ **Which plan would you like?** どのプランがいいですか？
▷ **The standard one looks good to me.** 標準のが良さそうですね。

▶ **Which position do you play?** どのポジションについているの？
▷ **I'm a midfielder.** 僕はミッドフィルダーです。

who 誰

Who said that?

誰がそう言ったの？

リアルフレーズ

▶ **Who is that?** あちらにいるのはどなた？

▷ **That's the new president!** 新しい社長ですよ！

▶ **Who is your favorite movie director?** あなたが一番好きな映画監督は誰？

▶ **Who is calling, please?** （電話で）どちらさまですか？

▷ **This is Nicholas. How are you?** ニコラスです。お元気ですか？

❗ 電話で使う表現です。

▶ **Who are you looking for?** 誰を探しているのですか？

▷ **Is Tania in?** タニアは来てる？

▶ **Who helped you?** 誰が手伝ってくれたの？

▷ **David did.** デイビッドが。

❗ この文は Who が主語（行為者）で、helped が動詞のシンプルな文。what で登場した What happened?（何があったの？）と同じパターン。

▶ **Who did you help?** あなたは誰を手伝ったの？

▷ **I helped the new staff member.** 新入りのスタッフを手伝ったよ。

❗ この who は目的語なんだ。主語（行為者）は you。前文との違いに気付いて。

▶ **Who has the key?** 誰が鍵を持っていますか？

▶ **Did you go to see the opera?**	オペラを見に行ったの？
Who did you go with?	誰と行ったの？
▶ **Who will pick up the kids at daycare?**	誰が子どもたちを託児所に迎えにいくの？
▷ **I will.**	私が。
▶ **There will be a shuffle in our section.**	うちの課では人事の入れ替えがある。
▷ **Who will be our boss?**	誰が上司になるのだろうね？
▶ **I like this song!**	この曲気に入ったわ。
Do you know who wrote it?	誰が書いたか知ってる？
▶ **Daddy, who left a Christmas present in my room?**	ダディー、誰が部屋にクリスマスプレゼントを置いたの？
▷ **I have no idea who did that, honey.**	誰がしたのか全然分からないよ。
▶ **Who ate my cake?**	誰が私のケーキを食べたの？
▷ **I don't know. A mouse, maybe?**	知らないよ。ネズミ、とか？
▶ **Funny! Who believes that?**	面白いね！誰が信じるとでも？

❗ 最後の文は「そう信じる人はいない」という意味です。他に Who knows. で「誰が知るものか」、Who cares. で「誰が気にするものか」のように言います。

whose 誰の
Whose idea is that?

それって誰のアイデア？

リアルフレーズ

▶ **Whose turn now?** 今誰の番？
▷ **Not mine. It's yours.** 私の番じゃない。あなたよ。

▶ **Whose bag is that?** あれは誰のバッグ？
▷ **That's Carol's.** あれはキャロルのです。

▶ **Whose handwriting is this?** これは誰の字かしら？
▷ **That looks like Stuart's.** スチュアートの字だね。

▶ **Whose songs do you like?** 誰の歌が好き？
▷ **Oh, there are too many.** ええっ、たくさんあり過ぎ。

▶ **Whose car is that?** あれ、誰の車？
▷ **Mike's. Cool, isn't it?** マイクのだよ。かっこいいよね？

▶ **Whose coffee is this? Yours?** これは誰のコーヒー？　あなたの？
▷ **Yup. Thanks.** うん。ありがとう。

▶ **Whose phone is ringing?** 誰の電話が鳴っているのです？
▷ **It's mine. Sorry. I'll turn it off.** 私のです。すみません。切ります。

▶ **Whose mom is that?** あちらは誰のお母さん？
▷ **It's Tammie's grandmother!** タミーのおばあさんですよ！

▶ **Corn-flavored ice cream?**
I wonder whose idea that is.
トウモロコシ味のアイスクリーム？
それって誰のアイデアなんだろう。

▶ **The company is downsizing.**
I wonder whose jobs will be cut.
会社が縮小していきます。
誰の仕事が切られるのかしら。

▶ **Do you know whose proposal was chosen?**
誰の企画が選ばれたか知っていますか？
▷ **Anna's was.**
アンナのです。

▶ **I don't know whose mistake this is, but we all have to learn from it.**
誰のミスかは知らないけれど、私たちみんながそこから学ばなければなりません。

▶ **I don't know what the truth is anymore.**
もう何が真実か分からないよ。
▷ **Same here. Whose words do you believe?**
同感。誰の言葉を信じる？

▶ **So, whose computer had the virus?**
で、誰のコンピューターにウィルスが入ってたの？
▷ **Mine did, but the technical staff fixed it.**
私のですが、技術部のスタッフが直してくれました。

08 why なぜ

Why do you care?

なぜ気にするの？

純粋に理由を問う以外に非難や提案もあります。

リアルフレーズ

▶ **Why so expensive?** なぜそんなに高額なの？

▶ **Why do you say so?** なぜそう言うの？

❗ why は疑問にも非難にもなるのがこの２文からも分かります。日本語と同じですね。

▶ **Why is your cat hiding?** なぜ君の猫は隠れているの？
Because of me? Is she scared? 僕がいるから？ 怖がってる？

▶ **Why did you do that?** なぜそんなことをしたの？
▷ **Sorry. I wasn't thinking.** ごめん。何も考えていなかった。

▶ **Oh, no. The information has leaked.** しまったな。情報が漏れてしまった。
Why didn't we think about the risk? なぜそのリスクを考えなかったんだろう？

▶ **I think I will ask Cathy out to dinner.** キャシーを夕食に誘おうと思うんだ。
▷ **Why not? Good luck!** いいんじゃない？ 幸運を祈るよ。

❗ 反対する理由がない時によく言います。

▶ **She wants to quit the team.** 彼女は退会したがっている。
I don't understand why. 私にはなぜなのか分からない。

▶ **The copier won't start.** コピー機が動かないね。
Why is the red light on? なぜ赤いライトがついているの？
▷ **It means it's out of paper.** 用紙切れを意味してますね。

▶ **If we want the customers to buy, we have to explain why this is the best.** お客さんに買ってもらいたいならなぜこれが最良なのか説明しないとね。

▶ **Do you know why the event was canceled?** なぜイベントが中止になったのか知っている？

▶ **Dad, you have to come and pick me up. My car has just broken down.** 父さん、迎えにきてよ。車が故障しちゃったんだ。
▷ **Why now?** なぜ今なんだ？
In the middle of the night? こんな夜中に？

▶ **Please tell me why you want to get this job.** なぜこの仕事に就きたいのか聞かせてください。
▷ **Because I'm interested in this industry.** この業界に興味があるからです。

▶ **Why don't we take a break now?** 今から休憩を取りませんか？
▷ **That sounds good.** いいですね。

❗このようにwe（またはyou）を主語にした現在形は提案にもなります。

▶ **We are planning a beach party.** ビーチパーティーを計画中なんだ。
Why don't you join us? 君も来ない？

how どう

How is everything?

調子はどう？

リアルフレーズ

▶ **How are you doing?** いかがお過ごしですか？

▶ **How is your mother?** お母さんの具合はどう？

▶ **How's your new job going?** 新しい仕事はどう？（直訳：どのように進んでいる？）

▶ **How is that possible?** それってあり？（直訳：それはどうやって可能なのか？）

▶ **How was your trip?** 旅はどうだった？

▶ **How was the date?** デートはどうだった？
▷ **How do you know about it?** なぜ知ってるの？（直訳：どうやってそれを知っているのか？）

▶ **How do you pronounce this word?** この単語はどう発音するの？

▶ **How do you spell that?** それってどう綴るんですか？

▶ **How do you like your meal?** 料理はお口に合いますか？
▷ **It's excellent. You have to give me the recipe.** 素晴らしい。レシピをくださいよ。

▶ **How do I make two-sided copies?** どうやって両面コピーをするの？

▶ **Will you tell me how to change the settings?** どうやって設定変更をするのか教えてくれる？

▶ **Do you know how to use this?** これの使い方を知ってる？
▷ **Yes. I'll show you how.** うん。教えるね。

▶ **How did you solve the problem?** どうやってその問題を解決したの？

▶ **You don't have a car.** 車ないのに
How did you get there? どうやってそこに行ったの？

❗ 目的地到着までを含むなら go より get が好まれます。

▶ **How did they reach this conclusion?** 彼らはどうやってこんな結論に達したの？

▶ **How do you feel about the new system?** 新しい制度についてどう思う？
▷ **It's fine with me.** 私にはいいけど。

❗ What do you think と似ている。How / feel は感受性に、what / think は論理性に問いかけている。

▶ **How do you feel about the new teacher?** 新しい先生についてどう思う？
▷ **I don't know yet. How about you?** まだ分からない。あなたはどうなの？

▶ **We need to have a meeting soon.** もうすぐ会議をしないと。
▷ **That's right. How about tomorrow?** 確かに。明日はどうでしょう？

▶ **How are we going to celebrate Mel's birthday?** どうやってメルの誕生日を祝おうか？
▷ **How about taking her on the dolphin tour?** イルカツアーに連れていくのはどう？

10 how ～ どれくらい～な

How long is the flight?

飛行時間はどれくらいですか？

howの後に形容詞（ないしは形容詞＋名詞）を続けるパターンです。

リアルフレーズ

▶ **How much is this?** これはおいくらですか？

▶ **How much did you pay for this?** これにいくら払ったの？

▶ **How much time do we have?** どれくらいの時間がありますか？

▶ **How many people are coming to the event?** イベントには何人来るのですか？

▶ **How many classes do you have today?** 今日は何クラスあるのですか？

▶ **How old is this hotel?** このホテルは築何年？

▶ **How soon do you need to finish this?** これはどれくらいすぐに終わらせる必要がありますか？

▶ **How fast does the Shinkansen go?** 新幹線はどれくらい速いのですか？

▷ **It goes over 200 kph.** 時速200キロ以上で走行します。

▶ **How early do you have to get up?** どれくらい早起きしないといけない？

▷ **At 5. I have to be at the airport by 7.** 5時。空港に7時までに着かないと。

❗ これら3つの「はやい」の違いは、soon（すぐに）、fast（速い）、early（時間が早い）。

▶ How far is the theater from here? ここから劇場はどれくらいの距離？
▷ It's about a 10-minute walk. 徒歩10分くらいです。

▶ How long will you be away? どれくらい留守にするのですか？
▷ For a week. 1週間です。

❗ これらの2文で原則 how long は時間の長さ、how far が距離を指すと確認できる。

▶ How long have you been friends with Andy? アンディーとはどれくらい長く友達なの？
▷ Since college. For over 10 years. 大学以来で、10年以上。

▶ How close are we to the summit? 山頂までどれくらい近いですか？

▶ How often do you go to the gym? どんな頻度でジムに通っていますか？

▶ How serious are you about this? どれくらい本気なんですか？
▷ Very serious. 大真面目ですよ。

▶ Summertime gets really hot here. ここは夏季は本当に暑くなるよ。
▷ How hot? Around 40 degrees? どれくらい暑い？　40度くらい？

▶ The situation isn't so good. 状況はあまり良くないよ。
▷ Yeah? How bad is it? そうなの？　どれくらいひどいの？

▶ How big is your apartment? 君のアパートはどれくらい大きい？
▷ Very small. There is not enough room for your family. とても小さくて、あなたの家族は収まりませんよ。

▶ How hard is the test? そのテストの難易度はどれくらい？
▷ Well, usually, half the test takers fail. う～ん、たいてい半数は不合格です。

01 what（なに）より

1. その人はどんな外観ですか？（直訳：何みたいに見える？）

_________ ______ the person _________ _____?

2. このプリンター、何かおかしいね。それに、この音は何？

________ _______ _____ this ________? And ______ is this noise?

3. 在宅勤務の欠点って何でしょうか？

_________ ______ some disadvantages of working from home?

4. 彼のどういうところが好きなの？

_________ ______ you ________ _________ him?

Answer: 1. What does, look like 2. What's wrong with, printer, what 3. What are 4. What do, like about

02 what ~（何の～）より

1. あなたの予約は何時ですか？

_________ ______ is your appointment?

2. あなたはどういう仕事に就きたいのですか？

_________ ________ _____ _______ do you want to get?

3. どんなジャンルの音楽を聴きますか？

_______ ________ of _________ _____ you _________ to?

4. 彼らは何語を話しているのですか？

_______ _____________ are they ____________?

Answer: 1. What time 2. What kind of job 3. What genre, music do, listen 4. What language, speaking

03 where（どこ）より

1. どこにお住まいですか？

_____ _____ _____ _____?

2.「それ、どこで見つけたんですか？」「100均で」

"_____ _____ you _____ it?" "At a 100-yen shop."

3. このバスはどこに向かっていますか？

_____ _____ this _____ _____?

4.「日本に3年いたんだ」「本当？　日本のどこに？」

"I was in Japan for three years." "Really? _____ _____ Japan?"

Answer: 1. Where do you live 2. Where did, find 3. Where is, bus going（または heading）4. Where in（= What part of）

04 when（いつ）より

1. 私の次の予約はいつですか？

_____ _____ my _____ appointment?

2.「息子が休暇で帰ってくるの」「いいね！ いつまで？」

"My son will be home for the break." "Nice! _____ _____?"

3.「いつお電話を差し上げたらいいですか？」「5時までに」

"_____ would you like me to _____ you?" "_____ 5 o'clock."

4. あなたはいつ旅行から戻ってきたのですか？

_____ _____ you _____ back from your trip?

Answer: 1. When is, next 2. Until when 3. When, call, By 4. When did, come

05 which（どれ）より

1. ランチにはコーヒーか紅茶が付いています。どちらがいいですか？

   Your lunch comes with coffee or tea. ________ would you ________?

2. 「すごい戦争映画を観たんだ」「どの戦争についての？」

   "I saw a great war movie." "________ ________ was it about?"

3. 「どのスーツケースがあなたの？」「あの赤いの」

   "________ ________ ____ yours?" "That red one."

4. これは古い写真。どれが私か分かる？

   This is an old photo. Do you ________ ________ one ____ ____?

Answer: 1. Which, like 2. Which war 3. Which suitcase is 4. know which, is me

06 who（だれ）より

1. 写真のこの人は誰？

   ________ ___ ________ in the photo?

2. コピー機が動くようになったね。誰が直したの？

   The copier is running again. ________ fixed ____?

3. 誰がコーヒーをここに置いたのかな？

   ________ ________ coffee ________?

4. 誰か手帳を忘れているよ。誰がここにいたか知らない？

   Someone left a datebook. Do you know ________ ________ ________?

Answer: 1. Who is this 2. Who, it 3. Who left, here 4.who was here

07 whose（誰の）より

1. これは誰のスマホですか？

______ smartphone ____ ______?

2.「誰の絵が好きですか？」「モネとカンディンスキーのです」

"______ paintings ____ ____ ______?" "Monet's and Kandinsky's."

3. 誰のデザインが選ばれたの？

______ design ______ ______?

4. これは誰のアイデアなのか知ってる？

Do you ______ ______ ______ ______ is?

> Answer: 1. Whose, is this 2. Whose, do you like 3. Whose, was chosen（または picked, selected）4. know whose idea this

08 why（なぜ）より

1. なぜみんなそんなに静かなの？

______ is everyone so ______?

2. 私ったら、なんで忘れてたんだろう？

______ did ____ ______?

3.「なぜ車がスタートしないの？」「ガス欠だから」

"______ won't the ______ ______?" "______ it's ____ of gas."

4. あなたも一緒に来ませんか？

______ ______ you ______ ______ us?

> Answer: 1. Why, quiet 2. Why, I forget 3. Why, car start, Because, out 4.Why don't, come with

09 how（どう）より

1. どうやってログインするの？

 ________ ____ I login?

2. 御社への行き方を教えていただける？

 Will you ________ me ________ _____ ________ to your office?

3. あなたの苗字はどう綴るのですか？

 _______ do you _________ your last ________ ?

4. その仕事、どうやって見つけたの？

 ________ _________ you ________ the job?

Answer: 1. How do 2. tell（または show）, how to get 3. How, spell, name 4.How did, find

10 how～（どれくらい～な）より

1.「どれくらいの距離を車で行くの？」「300キロくらい」

 "________ _______ are we going to d_________?" "About 300 km."

2.「お急ぎ便ってどれくらい速いのですか？」「翌日サービスです。」

 "_______ _______ _____ your express delivery?" "It's a next-day service."

3.「インフルエンザにかかった」「どれくらい悪いの？」

 "I have the flu." "_______ _________ ____ it?"

4.「彼女って何匹ペットを飼っているの？」「6匹。子豚を含めて。」

 "_______ ________ ______ does she _______?" "Six, including a piglet."

Answer: 1. How far, drive 2. How fast is 3. How bad is 4.How many pets, have

STEP 4

助動詞
動詞の前ゆく大事な助っ人

can … 能力、許可・可能性

I can't pronounce this word.
私はこの単語が発音できない。（能力）

You can cancel for free.
無料でキャンセルできます。（許可・可能性）

can＝できる / 現実的にあり得る / してもよい
疑問文なら「～してくれるか？」という依頼にもなる。

基本：主語＋can＋～（動詞の原形）＝［主語］は～できる / してもよい

否定：主語＋cannot＋～＝［主語］は～できない

疑問：Can＋主語＋～?＝［主語］は～できるか / してくれるか？

リアルフレーズ

▶ **We can see Mt. Fuji from here.**
ここから富士山が見えるんだね。

▶ **You did that? I can't believe it.**
そんなことしたの？　信じられない。

▶ **You can take 12 paid holidays a year, but you can't use them all at once.**
年間12日間の有給休暇を取れますが、全部を一度に使うことはできません。

▶ **Excuse me, but you can't enter here.**
すみませんが、ここは立入禁止です。

▶ **The word break can mean different things. You can break a window, break a promise, or take a break.**
breakという単語は異なる意味になり得る。窓を割る、約束を破る、休憩を取るが可能だ。

▶ **The drug can cause allergic reactions.**
その薬はアレルギー反応を起こし得る。

▶ **Perhaps my brother can fix your computer.**
たぶん兄なら君のパソコンを直せるよ。

▶ **Can you hear me?**
私の声が聞こえる？

▷ **Not very well. Can you speak up?**
今イチ。もっと大きな声で話せる？

▶ **Can we have a briefing tomorrow?**
明日打ち合わせができますか？

▷ **Sure. I can come at 8.**
もちろん。私は8時に来られます。

▶ **Sorry, I can't talk now.**
ごめんね、今は話せないの。

▷ **OK. Can you call me when you have time?**
いいよ。時間ができたら電話くれる？

▶ **Can we pay separately?**
別々に支払ってもいいですか？

▶ **Can I join you for lunch?**
昼食を私もご一緒してもいいですか？

▷ **Please. You are welcome.**
ぜひとも。歓迎しますよ。

▶ **What can I do to help?**
何を手伝えばいい？

▷ **Can you start with these boxes?**
こちらの箱から始めてもらえる？

▶ **Your paintings look like photographs!**
あなたの絵は写真みたい！

How can you do that?
どうやったらできるの？

▶ **Where can I buy a hot drink?**
どこで温かい飲み物が買えますか？

▷ **There are drink machines on the third floor.**
3階に自販機がありますよ。

02 could … can の過去形、可能性（現在と未来）

I couldn't find the answer.
答えを見つけられなかった。（can の過去形）

This could happen to anyone.
これは誰にでも起こり得る。（現在と未来の可能性）

could＝できた / ひょっとしたらあり得る
もともとは can の過去形。「あり得る」という可能性も意味し、転じて提案にもなる。相手を主語にした疑問形だと丁寧な依頼文で、自分が主語だと丁寧に許可を得る文に。

基本：主語＋could＋～（動詞の原型）＝［主語］は～できた / することがあり得る

否定：主語＋could not＋～＝［主語］は～できなかった / することはあり得ない

疑問：Could＋主語＋～?＝［主語］は～できたか / をしてくださるか / してもいいか？

リアルフレーズ

▶ **When I was young, I could jog, work, and play tennis all in one day.**
若い頃はジョギング、仕事、テニスを全部一日でできたのに。

▶ **Could you see whales from the boat?**
ボートからクジラが見られた？

▷ **I could see only a few in the distance.**
遠くに2、3見られただけ。

▶ **We were sitting in the front row so we could hear the director whispering cues.**
私たちは最前列に座っていたから演出家が合図を囁くのが聞こえたんだよ。

▶ **I couldn't speak much English at first. I could speak only a few words.**
はじめはあまり英語を話せなかったんです。片言しか話せませんでした。

▶ **There will be an international event.** 国際イベントがあるよ。
This could be our chance to meet foreigners. 外国人と出会うチャンスかも。

▶ **Here is an interesting job advertisement.** これは興味深い求人広告だよ。
▷ **This looks great.** これはすごい。
It could change my life. 僕の人生を変えるのかも。

▶ **Don't play with fire.** 火遊びはやめなよ。
You could get in big trouble. とんだトラブルになり得るからね。

▶ **Read this. It couldn't be true, right?** これを読んでよ。本当じゃないよね？
▷ **Don't worry. It's fake news.** 心配するな。フェイクニュースだ。

▶ **We have a few hours.** 2、3時間あるよ。
We could see a movie. 映画を観るってこともできるけど、
What do you think? どう思う？

❗ 可能性として言っているので can よりも控えめな提案なんだ。

▶ **Could you show me how to change the settings?** 設定変更のやり方を教えてくださいますか？
▷ **Sure. I'll be right there.** いいですよ。すぐ行きますね。

▶ **Could you recommend a local dish?** 地元料理でおすすめは？
▷ **You could try this Fisherman's Special.** この「漁師の特製料理」を試してもいいのでは。

▶ **I couldn't hear part of the talk.** 講演の一部が聞こえませんでした。
Could I see your notes? あなたのノートを見てもいいですか？

03 may … 可能性、許可

This information may be wrong.
この情報は間違っているかもしれない。（可能性）

May I come in?
入ってもいいですか？（許可）

may＝かもしれない、してもよい
可能性の場合は might も同様に使われる。原則 could よりも現実的な可能性を指す。許可の場合は can とも言い換えられるが、may の方が伝統的かつ丁寧で、疑問形では許可の意味のみ有効。

基本：主語＋may＋～（動詞の原型）＝［主語］は～かもしれない／してもいい

否定：主語＋may not＋～＝［主語］は～ないかもしれない／してはならない

疑問：May＋主語＋～?＝［主語］は～してもいいか？

リアルフレーズ

▶ **Let's ask Raymond.**
He may know how to do this.
レイモンドに尋ねよう。
彼ならこのやり方を知っているかも。

▶ **Wait. On second thought,**
that may be a good idea.
待って。よく考えてみたら、
それはいい考えなのかも。

▶ **I may come in late.**
In that case, don't wait for me.
私は遅れてくるかもしれない。
その場合は待たないでね。

❗ このように未来の話にも may / might は適用できる。

▶ **You may have to wait,**
but we will fix this and send it to you.
お待たせするかもしれませんが
こちらを修理してお送りします。

❗ may / might を have to と組み合わせることも可能。

▶ **Do you have Brian's email address?** ブライアンのメルアド持っている？
▷ **I might. Hold on.** あるかも。ちょっと待って。

▶ **Joe hasn't answered my text for six hours.** 6時間経つけどジョーから回答メールがない。
▷ **He might not have his phone with him.** 彼は電話を携帯していないのかもしれない。

▶ **Students may take the make-up tests.** 受講生は追試を受けることができる。

❗ このような許可の may は can とも置き換え可能。以下すべて同様。

▶ **You may leave a message after the beep.** 発信音の後に伝言を残せます。

▶ **May I help you?** お手伝いしましょうか？

❗ can と置き換えられるけど、may の方がより丁重。

▶ **May I take your coat?** コートをお預かりしましょうか？

▶ **Sorry, she is not in.** 申し訳ないですが彼女は不在です。
May I take a message? 伝言を承りましょうか？

ここにも注目！

答え方に注意！

※上記のように許可を尋ねられた時の返答に may を使うと権威的過ぎる印象に…

Yes, you may. よろしい。/ No, you may not. ならぬ。

好感の持てる返答は…

Of course. / Sure. / Certainly. もちろんですとも。（親善的な許可）

Yes, please. はい、お願いします。/ Thank you. ありがとう。（適切）

04 should … 義務・自発性、推量

I should go on a diet.
ダイエットしなきゃ。（義務・自発性）

The key should be here somewhere.
鍵はこの辺りにあるはず。（推量）

should＝すべき、した方がよい、はず
have to（66ページ参照）と似ているが、have toは必要性や規定によるもので、shouldは奨励や助言であるためより柔らかいともされる。また「～のはずだ」という推量や期待の意味もある。

基本：主語＋should＋～（動詞の原型）＝［主語］は～すべき / するはず

否定：主語＋should not＋～＝［主語］は～すべきでない / するはずがない

疑問：Should＋主語＋～?＝［主語］は～すべきか / するはずか？

リアルフレーズ

▶ **The street is icy.**	道が凍結している。
We should be careful not to slip.	滑らないよう気を付けないと。
▶ **The restaurant is very popular.**	そのレストランは大変人気です。
We should make a reservation.	予約をした方がいいでしょう。
▶ **Mr. Miller gave us such a nice gift.**	ミラー氏はこんなに素敵な贈り物をくださった。
We should write him a thank-you card.	お礼状を書いた方がいいですよね。
▶ **The reunion was fun!**	同窓会は楽しかったね！
▷ **Yes. We should do this again soon.**	うん。また近いうちにしなきゃね。

▶ **My mom always says we should drink two liters of water a day.**
母がいつも言うには1日2リットルの水を飲んだ方がいいと。

▶ **Sorry. I shouldn't call you this late at night, but I should tell you some important news.**
ごめんね、こんな夜遅くに電話すべきでないけど、大事な知らせを伝えなければならなくて。

▶ **Should I dress nicely for the party?**
パーティーにはいい服を着るべき？

▷ **No. You don't have to.**
いいえ。そんな必要はないです。

❗ should と have to は否定形では意味が大きく異なるよ。shouldn't は「すべきでない」と禁じているのに対して don't have to は「しなくてもよい」。

▶ **Here is a pain-killer.**
Your headache should go away soon.
これは痛み止めです。
あなたの頭痛はじきになくなるはず。

▶ **I've ordered a pizza.**
It should arrive in half an hour.
ピザを注文しました。
半時間で到着するはずです。

▶ **Jimmy, you should eat more vegetables.**
ジミー、もっと野菜を食べなさい。

▷ **Why should I, Mom?**
なんで、ママ？

▶ **A delivery will arrive tomorrow morning.**
配達物が明日の朝に届くよ。

▷ **That's fine. I should be home then.**
大丈夫。その時は私が家にいるはず。

must…強い義務・強要、強い推量

You must tell the truth in court.
法廷では真実を話さなければならない。（強い義務・強要）

She must be a genius.
彼女は天才にちがいない。（強い推量）

must＝しなければならない、ちがいない
義務においては have to（66ページ参照）と should（116ページ）よりも強制力があり、否定文では強い禁止を示すため、主に規則や法律についての書き言葉として使われ権威的な印象がある。また、強い推量や提案にも用いられ、推量は通常疑問形はない。

基本：主語＋must＋～（動詞の原型）＝［主語］は～しなければならない / にちがいない

否定：主語＋must not＋～＝［主語］は～してはならない / ないにちがいない

疑問：Must＋主語＋～?＝［主語］は～しなければならないか？

リアルフレーズ

▶ **Employees must wear the ID badge at all times.**
従業員は常時 ID バッジを着用のこと。

▶ **In this state, you must be at least 16 to drive.**
この州では運転するには16歳以上でなければならない。

▶ **You must not use an expired passport.**
期限切れのパスポートは使用してはならない。

▶ **Tax forms must be received by March 15th.**
税務書類は3月15日までに受理されなくてはならない。

▶ **Your payment must be made within a month.**
支払いは1か月以内になされなければならない。

▶ **This medicine must not be given to children.**
この薬は子どもに投与されてはならない。

▶ **You'll marry someone after only three dates? You must be kidding!**
３回デートしただけで結婚するって？　冗談でしょ！

▶ **I've just completed my first full marathon.**
初めてのフルマラソンを完走したところなの。

▷ **Congratulations!**
おめでとう。

You must be very tired.
すごく疲れているでしょ。

▶ **Look. Many people are going into the hall. There must be a big event.**
見て。大勢の人がホールに入っていくよ。大イベントがあるにちがいないね。

❗ There is a big event.（大きなイベントがある）の文に must を加えた文だよ。

▶ **The total comes to $328.**
合計で328ドルになります。

▷ **Hold on. There must be some mistake.**
ちょっと待って。何か間違いがあるのでは。

▶ **Don't drive if you drink.**
飲んだら乗るな。

You must know that by now.
今さら分かってるはずだろ。

▶ **My parents are going to Machu Picchu.**
両親はマチュピチュに行くんだ。

▷ **That place must be really interesting.**
あそこは本当に面白い所だろうね。

▶ **My sister and I are making a big Mexican dinner. You must come.**
夕食に姉と盛大なメキシコ料理を作るんだ。あなたも来なくっちゃ。

❗ こんな風に強い誘い、提案、推薦にも must は使われるよ。

▶ **So, you are going to Kyushu soon.**
さて、もうすぐ九州に行くんだよね。

You must try real ramen there.
本場のラーメンを味わうのは必須だよ。

would … will の過去形、想像（現在）

I knew you would say that.
君ならそう言うと分かってたよ。（will の過去形）

I would not do that.
私ならそれはしないだろうな。（現在の想像）

would＝will の過去形、だろう（想像）
will も助動詞であり（50ページ）、その過去形として、ある過去の時点では will（＝これから起こる）だったと現時点で振り返る時に使われる（時制の一致）。また、想像や推量でも使われ（仮定）、疑問形では丁寧な依頼文となる。

基本：主語＋would＋～（動詞の原型）＝［主語］は～するだろうとされていた / するだろう

否定：主語＋would not＋～＝［主語］は～しないとされていた / しないだろう

疑問：Would＋主語＋～?＝［主語］は～するだろうか / してくださるか？

リアルフレーズ

▶ **I thought I would lose 10 kg by now, but that didn't happen.**
現時点で10キロ痩せると思ったけれど、そうはならなかったわ。

❗ 当時考えたのは "I will lose 10kg by …." それが過去となった今は will を would にして振り返っているんだ。

▶ **He said he would leave the office at 6. That means he should be here soon.**
彼は6時に会社を出ると言った。それならもうすぐここに着くはず。

▶ **Ed promised he wouldn't tell anyone, but everyone knew about it in no time.**
エドは誰にも言わないと約束したがすぐにみんな知っていた。

▶ **Meg said she wouldn't marry anyone.**
メグは誰とも結婚しないって言ってたよ。

▷ **Then we got this wedding invitation from her.**
そして彼女から結婚式の招待状が来たわけだ。

▶ **A lecture about world history? That would be a really long lecture.**
世界史についての講義？　それはさぞかし長い講義だろうね。

▶ **Who goes to Death Valley in the summer? That would kill you.**
誰が夏に死の谷に行くだろう？　死んじゃうよ。

▶ **Lauren is going to her 45th audition.**
ローレンは45回目のオーディションに行くんだ。

▷ **Really? Most people would just give up.**
そうなの？　たいていあきらめちゃうだろうね。

▶ **Are you going to walk in this snow? I wouldn't even leave the house.**
この雪の中を歩いていくの？　私なら家から出ることさえしないわ。

▶ **Look at that gorgeous house! Wouldn't you like to live there?**
見て、あの豪邸！　あんなところに住んでみたくない？

▶ **You don't have to tell me your answer now. Would you just think about it?**
今答えなくていいんです。　ただ、考えておいてくれますか？

▶ **Did you bake these cookies? You know, my mom would love to make them, too. Would you give me the recipe?**
こちらのクッキー、あなたが焼いたんですか？　あの～、母もこういうのを作りたがるんです。　レシピをくださいませんか？

07 助動詞を過去形にする

助動詞の過去形の作り方と意味を知る

主語＋助動詞＋have＋過去分詞＝助動詞を含む文の過去形

リアルフレーズ

1. could（起こり得る）→ could have（起こり得た）※実現しなかったことに使う

▶ **The movie star was in town?**	映画スターがこの町に来てたの？
▷ **We could have seen him.**	見れたかもしれなかったね。
▶ **The road was icy and dangerous.**	道路は凍結していて危険だった。
I could have been in an accident.	事故に遭いかねなかったよ。
▶ **I got sick after the dinner.**	その夕食後に具合が悪くなった。
Do you think the meat was old?	お肉が古かったと思う？
▷ **It couldn't have been.**	それはあり得ない。
We just bought it.	買ったばかりだったよ。

2. should（すべき）→ should have（すべきだった）※後悔や教訓を指す

▶ **I got a speeding ticket.**	スピード違反切符を切られた。
I should have been careful.	気を付けるべきだった。
▶ **Um, what is this food?**	えっと、この料理は何かな？
▷ **I don't know what to call it.**	何て呼ぶのか分からない。
I should have followed the recipe.	レシピに従うべきだった。
▶ **What happened to your hair?**	髪、どうしちゃったの？
▷ **I shouldn't have dyed it myself.**	自分で染めるべきでなかった。

3. may / might（かもしれない）→ may have / might have（だったのかもしれない）

▶ **Why wasn't Mike at the meeting?** なぜマイクは会合にいなかったの？

▷ **He may have forgotten about it.** 彼は忘れていたのかもしれない。

▶ **Oops. My phone battery has been dead for a while.** おっと、電話の電池がしばらく切れたままだった。

Someone might have called. 誰か電話してきてたかもしれない。

❗ may have も同様に使えるよ。

▶ **Kate hasn't answered our email for days.** ケイトは何日もメールに返事をくれていない。

She might not have received it. 受け取っていないのかも。

4. must（ちがいない）→ must have（ちがいなかった）

※「しなければならなかった」は had to

▶ **Finished already?** もう食べ終わったの？

▷ **You must have been hungry.** きっとお腹空いていたんだね。

▶ **This is an unusual traffic jam.** これは珍しい交通渋滞だね。

There must have been an accident. 事故があったに違いない。

▶ **Why aren't they here?** なぜ彼らはここに来ていないの？

▷ **Their train must not have arrived yet.** 電車がまだ到着していないに違いない。

5. will（するつもり）→ would have（しただろうに）
※実現しなかったことを指す

▶ **Did you carry all these by yourself?**	君ひとりで全部運んだの？
I would have helped you.	手伝ったのに。
▶ **You missed a great party.**	楽しいパーティーを逃しちゃったね。
▷ **I would have had fun, but I had to work.**	楽しかっただろうけど、仕事だったんだ。
▶ **Thanks for recommending that shop.**	あの店を勧めてくれてありがとう。
I wouldn't have found it myself.	自分では見つけなかったと思う。

01 can より

1. 何かお探しですか？ お手伝いしましょうか？

Are you looking for something? ______ ___ _________?

2. すみませんが、ここでは喫煙できません。

_________ me, but you ________ _________ here.

3. あなたの声がよく聞こえません。もっと大きな声で話せますか？

I ________ _______ ________ well. _______ ______ _________ up?

4. 「誰がこれを直せる？」「約束はできないけど、やってみてもいいよ」

"Who ______ _______ this?" "I ________ promise, but I ______ try."

> Answer: 1. Can I help 2. Excuse, can't smoke 3. can't hear you, Can you speak 4. can fix, can't, can

02 could より

1. あなたずっと頑張ってきたよね。次の昇進はあなたかもね。

You've been working hard. You __________ ______ the next to get a promotion.

2. 若い頃は眠らなくても一日中働けたのに。

_______ I _____ young, I _______ _______ all day without sleep.

3. 遠くに富士山を見ることができたよ。

I _______ _______ Mt. Fuji in the distance.

4. タクシーに乗ることもできる。それか歩いてそこへ行くことも可能だよ

We ________ take a taxi, or we ________ _______ there.

> Answer: 1. could be 2. When, was, could work 3. could see 4. could, could walk

03 may より

1.「ここどこ？」「私たち、違う電車に乗ってるのかも」

"Where are we?" "We ________ _____ on the wrong train."

2. ドクターは本日は時間がないかもしれません。

The doctor ________ ________ have _______ today.

3.（2の続き）その場合は予約を取ることになるかもしれません。

In that case, you ________ ________ to make an appointment.

4.「私たち、ここに座っても構いませんか？」「もちろんですとも」

"_______ ______ _________ here?" "_______ _________."

> Answer: 1. may（または might）be 2. may（または might）not, time 3. may（または might）have 4. May we sit, Of course

04 should より

1.「エレンを待った方がいいでしょうか？」「はい、そうですね」

"_________ we _________ for Ellen?" "Yes, _____ _________."

2.「この公園、いいね」「うん、今度は犬を連れてこなくちゃね」

"This park is nice." "Yes. We _________ come back with our dog."

3. 風邪をひいているのなら、タバコはやめておいた方がいいでしょう。

If you have a cold, you ___________ smoke.

4. パパがもうすぐ帰ってくるはずよ。テーブルのセッティングをしなきゃね。

Dad _________ be home ________. We ________ set the ________.

> Answer: 1. Should, wait, we should 2. should 3.shouldn't 4. should, soon, should, table

05 mustより

1. 日本ではお酒を飲むのは20歳から。

   In Japan, you ________ ______ at ________ 20 to _______.

2. 何か誤解があるにちがいありません。

   There ________ ___ some m ________________.

3. もうすぐキャンプ旅行だね。楽しみでしょ。

   You are going on a camping trip soon. You _______ _____ ex __________.

4. 次回はきっと一緒に来てね。

   You ________ ________ with me ________ time.

Answer: 1. must be, least, drink 2.must be, misunderstanding 3. must be excited 4. must come, next

06 wouldより

1. あなた電話するって言ったのに。忘れてた？

   You ______ you ________ _______ me. Did you __________?

2. 私だったら、「はい」って言っちゃうだろうな。

   I ________ _______ "yes."

3. 息子はこの色は気に入らないだろうな。他の色あります？

   My son ___________ ________ this color. Do you have another color?

4. あなたのお返事を明日に教えていただけますか？

   _________ you _______ me your answer tomorrow?

Answer: 1.said, would call, forget 2.would say 3. wouldn't like 4. Would, tell（または give）

07 助動詞を過去形にするより

1.「すみません、これは私のミスです」「きっと疲れていたに違いないですよ」

“Sorry. I made this mistake.” “You ________ ________ ________ tired.”

2.「小さな茶色の犬を見かけました？」「見たかもしれないです」

“Have you seen a small brown dog?” “I ________ ________ ________ it.”

3. あなたはその質問を尋ねるべきでしたよ。私はお答えしたでしょうに。

You ________ ________ ________ the question. I ________ ________ answered it.

4. なぜそのレースに申し込まなかったの？　君なら一等賞の獲得もあり得たのに。

________ didn't you enter the race? You ________ ________ won first prize.

> Answer: 1. must have been 2. may（または might）have seen 3. should have asked, would have 4. Why, could have

STEP 5

有用基本動詞
一石三鳥の有用さ

01 have

（備え持つ、所有・所持している、過ごす）

have の3つのイメージを例文でつかむ

You have a talent for music.
君は音楽の才能があるね。（備え持つ）

I have a lot of homework.
宿題がたくさんあります。（所有・所持している）

Have a good weekend.
よい週末を過ごしてね。（過ごす）

リアルフレーズ

▶ **Do you have any food allergies?** 何か食物アレルギーはありますか？

▶ **She has a great smile.** 彼女、笑顔がすごくいいよね。
▷ **Yes. But she has a sharp tongue, too.** そうだね。でも鋭い物言いもするよね。

▶ **The restaurant doesn't have any parking spaces.** そのレストランには駐車スペースはありません。

▶ **I can't remember all these. I have a short memory.** これ全部覚えるなんて無理。すぐ忘れちゃう。（短い記憶）

▶ **Do you have a minute?** 少し時間あります？
▷ **Sure. What can I do for you?** はい。どうしましたか？

▶ **My son has a cold. He has a runny nose and a cough.** 息子が風邪をひいています。鼻水と咳が出ています。

▶ **I don't have the money now, but I want to buy a suit after the next payday.**
今はそんなお金はないけど給料日が来たらスーツを買いたい。

▶ **Do you have any concerns?**
何か懸念がありますか？

▷ **No. I just have a question.**
いいえ。ただひとつ質問があります。

▶ **Do you have a dime?**
10セント玉ひとつある？

▷ **Sorry. I don't have any change.**
悪いけど、小銭がないんだ。

▶ **When did you have a baby? Do you have some photos?**
いつ子どもが生まれたの？写真ある？

▶ **If I may, I have a suggestion.**
もしよければ、ひとつ提案があります。

▶ **We don't have a reservation, but do you have a room for two tonight?**
予約はないんですが、今夜ふたり部屋ひとつありますか？

▶ **Have a nice day.**
よい日をお過ごしください。

▷ **You, too.**
あなたも。（別れの挨拶）

▶ **Have a Merry Christmas and a Happy New Year!**
楽しいクリスマスと素敵な新年をお迎えください。

▶ **How was the party?**
パーティーはどうだった？

▷ **We had a great time.**
楽しかったよ。

▶ **My grandfather had an amazing life. We still have his diaries.**
祖父は壮大な人生を歩んだ。うちには今でも彼の日記がある。

02 take

持っていく・取る、所要、移動手段

take の3つのイメージを例文でつかむ

Take this umbrella.
この傘を持っていきなよ。(持っていく・取る)

It will take 20 minutes.
それには20分かかるよ。(所要)

Let's take the subway.
地下鉄で行こうよ。(移動手段)

リアルフレーズ

▶ **You may need this map.** この地図が要るかもしれないね。
You can take it. 持っていっていいよ。

▶ **We have so many tomatoes this year.** 今年はたくさんトマトが採れるのよ。
Take some to your mom, too. お母さんにもいくつか持っていって。

▶ **I couldn't eat it all.** 全部は食べきれませんでした。
Can I take the leftovers home? 残りを持ち帰ってもいいですか？

▶ **I think you should stay on the safe side. You can take my advice or take the risk.** 私は安全側にとどまるべきだと思う。私の助言を聞くか危険を冒すかだね。

▶ **What did your family do over the break?** 休暇中は家族で何をしました？
▷ **We took the kids to the amusement park.** 子どもたちを遊園地に連れていきました。

▶ **I'll take the 11 o'clock express train.** 11時の特急に乗ります。
▷ **I can take you to the station in my car.** 車で駅に連れていってあげられるよ。

❗ 場所に連れていくなら前置詞は to。tour、trip、date のように行事なら on。

▶ **This is your first visit here, right? Would you like me to take you on a city tour?** こちらの訪問は初めてですよね？ 市街観光にお連れしましょうか？（直訳：私に連れていってほしいか？）

▶ **What are you studying for?** 何の勉強をしているの？
▷ **I am taking the TOEIC test this weekend.** 今週末に TOEIC を受験するんだ。

▶ **If you take Mr. Dion's French class,** ディオン先生のフランス語のクラスを取ったら。
you'll have to take 10 speaking tests. スピーキングテストを10回受けさせられるよ。

▶ **The train ride takes about two hours.** 電車の乗車時間は2時間くらいです。

▶ **The printout will take 10 more minutes.** 印字にはもうあと10分かかります。

▶ **This will take a lot of work, but we can do it.** これは多大な作業を要しますが、できるでしょう。

▶ **You don't have to hurry. Take your time.** 急がなくていいよ。ゆっくりやって。（時間をかけて）

03 keep

保持、保存、持続

keep の3つのイメージを例文でつかむ

You can keep the book.
その本、持っていていいよ。(保持)

This will keep you warm.
これで温かくしていられるよ。(保存)

Snow kept falling for days.
雪は何日も降り続いた。(持続)

リアルフレーズ

▶ **Thank you for the great service.** 素晴らしいサービスをありがとう。
Please keep the change. お釣りは取っておいてください。

▶ **The economy isn't strong.** 景気は堅調ではない。
I really need to keep this job. この仕事をなくすわけにはいかない。

▶ **Lou is a talented lawyer.** ルーは才能ある弁護士です。
No wonder the firm wants to keep him. どうりで事務所は彼にいてもらいたいわけだ。

▶ **Should I keep this in the fridge?** これは冷蔵庫に入れておくべき？
▷ **No. You can keep it at room temperature.** いや、常温保存でいいよ。

▶ **Keep this out of the sun.** これは直射日光を避けて保管して。

▶ **I trust Edward.** エドワードを信頼している。
He keeps his word. 言ったことは守るから。

▶ **The client likes quick responses.**	その客は迅速な対応を好む。
We have to keep that in mind, OK?	それを覚えておけ。いいな？
▶ **Should we change the design?**	デザインを変えるべきですか？
▷ **No. Let's keep it this way.**	いや、このままにしておこう。
▶ **Can you keep an eye on my suitcase?**	スーツケースを見ておいてもらえる？
▷ **OK. But you should keep your passport with you.**	いいけど、パスポートは携帯しておいた方がいいよ。
▶ **Your house is always perfect.**	あなたの家はいつも完璧ね。
How do you keep it so tidy?	どうしたらそんなに整然とできるの？
▶ **Look! Your baby likes this toy.**	見て、赤ちゃんはこのおもちゃを気に入ったよ。
▷ **Great! It will keep him happy for a while.**	よかった！　それでしばらくはゴキゲンだね。
▶ **Keep your voice down.**	声を落として。
No others should hear this.	他に聞かれてはならないの。
▷ **OK. I'll keep it secret.**	分かった。秘密にしておく。
▶ **I keep dreaming about becoming a screenwriter.**	脚本家になる夢をあきらめきれないんだよね。
▷ **Then you may have to start writing.**	なら書き始めるしかないかもね。
▶ **You're doing well. Keep going.**	上手だよ。そのまま続けて。
Ten more sit-ups.	腹筋あと10回。
▶ **Why does this email keep coming back as an error?**	なぜこのメール何度もエラーで戻ってくるのかな？
▷ **Let's see. This hyphen should be an underscore.**	どれどれ。このハイフン(-)は下線(_)のはず。

tell

伝達、命令、識別

tellの3つのイメージを例文でつかむ

Tell me about your new girlfriend.
新しい彼女について教えてよ。(伝達)

My doctor told me to exercise.
主治医が運動しろと言った。(命令)

No one can tell this is a fake.
これが偽物なんて誰にも分からないよ。(識別)

リアルフレーズ

▶ **You are a college student now.** 大学生になったんだね。
Tell me about your college life. 大学生活について教えてよ。

❓ tellもteachも「教える」。どう違うの？
❗ teachは学問や教訓で、tellは誰かに情報や事実を伝えることだよ。

▶ **What will the interviewers ask?** 面接官は何を尋ねてくるだろう？
▷ **You'll have to tell them about your past jobs.** 前職について話さなきゃならないだろう。

▶ **Can you tell me where Mr. Kelly is?** ケリーはどこか教えてもらえますか？

▶ **Could someone tell me how to use this?** 誰かこの使い方を教えてくれませんか？

▶ **Tell me when you finish this.** これが終わったら知らせて。
Then I will tell you what the next step is. そしたら次の段階が何かを教えます。

▶ **Your boss won't tell you what to do.** 君の上司は何をしろとの指示は出さない。

She wants you to plan your work yourself. 彼女は君に自分で仕事を計画することを望んでいる。

▶ **I need your help at an event.** イベントで君の助けが必要だ。

▷ **OK. Just tell me when, where, and how.** いいよ。いつ、どこで、どうするかさえ言ってくれれば。

▶ **Bonny made a lot of errors.** ボニーがいっぱいミスしてくれたよ。

▷ **I told you not to trust her with paperwork.** 事務処理を彼女に任せるなって言ったでしょ。

❗ ここまではずっと tell の後に「誰に」を意味する目的語が付いていたことを確認してね。

▶ **Roy can tell all kinds of jokes,** ロイはあらゆるジョークが言えるんだ

from political jokes to puns. 政治ネタからダジャレまで。

▶ **You can tell when someone is lying, can't you?** 君は人が嘘ついている時は分かるんだよね？

▷ **Yes, I can, but I won't tell you how.** 分かるよ。でもどうやってかは教えてあげない。

▶ **Can you tell I have an accent?** 私にアクセントがあるのが分かる？

▷ **No. You mean English isn't your native tongue?** いいえ。つまり英語はあなたの母語でないってこと？

▶ **I can tell you are in a good mood.** 君が機嫌いいってことが分かるよ。

You've been humming all morning. 朝ずっと鼻歌を歌っているから。

▶ **Can you tell the difference between basil and oregano?** バジルとオレガノの違いって分かる？

▷ **Not me. I can only tell sugar from salt.** 俺には無理。せいぜい砂糖と塩の区別だね。

❗「分かる」を意味する tell には「誰に」という目的語は不要になるんだ。

05 make

する・作る、使役、達成

make の3つのイメージを例文でつかむ

I'd like to make a reservation.
予約したいのですが。(する・作る)

Just don't make her angry now.
とにかく今は彼女を怒らせるな。(使役)

Can we make the 11 o'clock train?
11時の電車に間に合う?(達成)

リアルフレーズ

▶ **If you are on a diet, I can make low-calorie dessert.**
ダイエット中なら低カロリーのデザートを作れるよ。

▶ **I made sandwiches for everyone.**
皆にサンドイッチを作ったよ。

▶ **I have to make a quick call. Excuse me.**
ちょっと電話をかけなければ。失礼します。

▶ **I want to make a lot of money. Don't you?**
大金を稼ぎたい。君もだろ?

▷ **Yeah. Let's make some business plans.**
うん。事業計画を立てるとしよう。

▶ **The client doesn't like this plan. We have to make some changes.**
客はこの案に満足していない。いくつか変更しないと。

▶ **Don't make any trouble.**
トラブルを起こさないで。

▷ **I won't.**
了解。

▶ **We got a new contract.** 新しい契約を取り付けた。
▷ **Great! That should make the boss happy.** すごい！　それは上司に喜んでもらえるはず。

❗ make＋人＋形容詞で、［人］を［状態］にさせる。

▶ **I'll make some tea.** お茶をいれるけど、
Do you want some? あなたもいらない？
And please make yourself comfortable. それから、どうぞ楽にしてね。

▶ **Fried chicken! It looks great and makes me hungry.** フライドチキンだ！　おいしそうおなかが減ってきた。

▶ **The new assistant looks nervous.** 新しい助手、緊張してるみたい。
▷ **Maybe Roy can make her laugh.** ロイなら彼女を笑わせられるかも。
Where is he? 彼はどこ？

❗ 人に対して動作を作り出すことから、make＋人＋動詞なんだ。

▶ **I can't watch this.** 私これ観られない。
This kind of movie makes me cry. こういう映画は泣いちゃうんだ。

▶ **This experience made me think about a lot of things.** この経験でいろいろ考えさせられた。

▶ **An urgent meeting in one hour?** 1時間後に緊急会議？
Sorry. I can't make it. 悪いけど、行けません。

▶ **This snow may make the road traffic slow down.** この雪が道路交通を停滞させるかもしれない。
▷ **I'll take the subway.** 地下鉄で行くよ。
I can still make my flight. まだ便に間に合う。

get

受け取る・入手、理解、到着

getの3つのイメージを例文でつかむ

Did you get the invitation?
招待状を受け取った？（受け取る・入手）

He doesn't get it.
彼は分かっていない。（理解）

We'll get there soon.
もうすぐそこに着くよ。（到着）

リアルフレーズ

▶ **Did you get that job?** あの仕事に就いたのですか？
▷ **Yes, I did. I'll start next week.** はい。来週から始めます。

▶ **We need to get petrol soon.** もうすぐガソリンを入れないと。

❗ gasolineを略してgasとアメリカ英語で、petroleumを略してpetrolとイギリス英語で言うよ。

▶ **You should get some sleep, or you will burn out.** 睡眠を取った方がいいよ。でないと燃え尽きるよ。

▶ **How did you get that information?** その情報はどうやって入手したの？

▶ **That looks nice. Where did you get it?** それいいね。どこで買ったの？

▶ **Hugh gets a rash if he eats peanuts.** ヒューはピーナッツを食べると発疹が出る。

▶ **Install security software, or you might get a computer virus.**
安全ソフトをインストールしておきなさい。でないとコンピューターウィルスに感染するかも。

▶ **Kurt told a lot of jokes to his Japanese girlfriend, but she didn't get many of them.**
カートは日本人の恋人にたくさんジョークを言ったが、彼女はその多くが分からなかった。

▶ **The boss didn't like our presentation.**
上司は私たちのプレゼンを気に入らなかったよね。

▷ **I get that too, from the look on her face.**
彼女の顔から僕にもそれは分かるよ。

▶ **She winked at him, but he didn't get the hint.**
彼女は彼にウィンクしたが、彼はそのヒントが分からなかった。

▶ **I have to get to work.**
出勤しなきゃ。/ 仕事に取りかからなきゃ。

❗ work は「職場」と「仕事」の両方を意味するよ。

▶ **I usually get to my office at 8:30.**
通常８時半に会社に着きます。

▶ **What is a simple way to get there?**
そこに行くのに簡単な方法は？

▶ **Will you call me when you get home?**
帰宅したら電話をくれる？

▶ **When I got here, the door was locked.**
着いたらドアは施錠されていました。

▷ **Sorry. You didn't get the cancellation notice.**
すみません。中止の告知が届かなかったのですね。

▶ **When you get to the advanced level, you may get some great job offers.**
上級レベルに達するといい仕事のオファーがくるかもしれない。

07 help

手伝う・助ける、役立つ、制御

helpの3つのイメージを例文でつかむ

Can I help you?
お手伝いしましょうか？（手伝う・助ける）

This map will help.
この地図が役に立つよ。（役立つ）

I couldn't help crying.
涙をこらえられなかった。（制御）

リアルフレーズ

▶ **If you have too much work, I'll help you.**
もしまかなえない仕事があれば手伝うよ。

❗ 手伝う場合のhelpの目的語は［人］。your workを付けるならhelp you with your work。

▶ **Your jeans are muddy. What happened?**
ジーンズ泥だらけよ。どうしちゃったの？

▷ **I was helping Dad with his garden.**
親父の庭仕事を手伝ってたんだ。

▶ **Should we help that lady with her suitcases?**
あの婦人のスーツケースに手を貸すべきかな？

▷ **Yes, we should.**
うん、そうだね。

▶ **Please help yourself to the sweets here.**
こちらのスイーツをどうぞ。（自らを助けてスイーツにありつく）

▶ **This herbal tea may help you sleep.**
このハーブティーで眠られるかも。

▶ Hi. Can I help you find something?　こんにちは。何かお探しですか？
(直訳：探すのを手伝ってもいいか？)

▷ Yes, please. I'm looking for a travel bag.　旅行用バッグを探しています。

❗ このように目的語の後に動詞を続けることもできるよ。

▶ If you speak a foreign language, that will help you get a job.　外国語が話せたら 就職に有利だろう。

▶ This manual is in Chinese! It doesn't help.　この手引書は中国語じゃないか！ 使えない。

▶ You got a scholarship for $15? How does that help?　奨学金が15ドルだって？ それってどうやって足しになるの？

▶ I think you got carsick. This medicine might help.　車酔いしたんでしょ。 この薬が効くかも。

▶ Are you going to buy this expensive watch?　この高額な腕時計を買うつもり？

▷ I can't help it. It's so stylish!　買うしかないよ。かっこいい！

▶ You said that to your boss? You could lose your job.　それを上司に言ったのか？ クビになりかねないよ。

▷ I know. I couldn't help it.　分かってる。抑えられなかったんだ。

▶ Honey, stop doing things for Liz. She's 18 now.　あなた、リズを構うのはやめて。 彼女はもう18よ。

▷ Right, but I can't help it. I worry about her.　そうだね、でもつい。 心配なんだ。

08 leave

出発・立ち去る、残す、放置

leave の3つのイメージを例文でつかむ

Let's leave in five minutes.
5分後に出よう。（出発・立ち去る）

Can I leave a message for her?
彼女に伝言を残してもいいですか？（残す）

Please leave the door open.
ドアは開けたままにしておいて。（放置）

リアルフレーズ

▶ **What time are we going to leave?** 何時に出発する？

▶ **When shall we leave home to make our flight?** 便に間に合うためには、いつ家を出ましょうか？

▶ **I left my hometown for the city.** 都会に来るために故郷を後にした。

▶ **Are you ready to leave?** 出発する準備はいい？
▷ **No! Give me half an hour for makeup.** まさか。お化粧に30分ちょうだい。

▶ **After Liz left home, she was homesick for a while.** リズは実家を出てからしばらくはホームシックだった。

▶ **If we leave the house now, when will we get to the airport?** 今家を出たらいつ空港に着く？

▶ **Fire! Everybody, leave the building!** 火事だ！　みんなビルから出ろ！

▶ **Take your bag to your room.** バッグを部屋に持っていきなさい。
Don't leave it in the doorway. 玄関に置きっぱなしにしないで。

❗ 目的語が場所から人や物に変わると「置き去り」の意味になるよ。

▶ **Should we take our camera?** カメラを持っていくべき？
▷ **No. Let's leave it here.** いや、ここに置いておこう。

▶ **I don't travel often because I don't want to leave my dog.** あまり旅行はしません 犬を置いて行きたくないので。

▶ **Randy left the job a month ago.** ランディーは1か月前に辞職した。

▶ **Oh, no! I think I left my phone on my desk.** しまった！　電話を机に置きっぱなしにしたと思う。

▶ **Do I have to tell you again?** また言わないといけない？
Don't leave the light on. 電気のつけっぱなしはやめて。

❗ 目的語の後に［状態］＝「～のままにする」。

▶ **This is a safe neighborhood, but we should never leave the door unlocked.** ここは安全な地域だけど ドアを施錠しないままにはしてはならない。

▶ **If you leave the bag open, the bread will get dry.** 袋を開けたままにしてると パンが乾燥しちゃうよ。

▶ **Liz, did you break up with Sam?** リズ、サムと別れちゃったの？
Hey, are you crying? おいおい、泣いているのか？
▷ **No! Please leave me alone.** 違う！　お願い、ひとりにして。

ask

尋ねる、依頼、誘う

askの3つのイメージを例文でつかむ

You just asked a good question.
今のはいい質問ですね。（尋ねる）

Let's ask the guide to take us there.
ガイドにそこに連れていってくれるよう頼もう。（依頼）

I'll ask her out for dinner.
彼女を夕食に誘うよ。（誘う）

リアルフレーズ

▶ **I can't find the exit.
Let's ask someone.**
出口が見つからない。
誰かに訊こうよ。

▶ **If you want to ask questions,
please wait until the Q and A session.**
質問を尋ねたければ、
質疑応答時間までお待ちください。

▶ **The tour guide grew up here,
so you can ask her about anything,
from local history to the food culture
of this area.**
ツアーガイドはここ出身なので
なんでもお尋ねいただけます
この地域の歴史から食文化まで。

▶ **A customer is asking something.
Could you handle that?**
お客さんが何か尋ねています。
対応してくださいますか？

▶ **Don't ask a lady about her age.**
女性に年齢を尋ねてはダメだよ。

▶ **You should ask Marianne how to
choose wine.**
マリアンヌにワインの選び方を尋ねるといいよ。

▶ **Can you drive me to the airport?**
空港まで車で送ってもらえる？

▷ **I'll have to ask Dad if I can use his car.** 父に車を使えるかどうか尋ねないと。

❗ ここでは if は「～かどうか」という意味なんだ。

▶ **Did you ask Mr. Hagen if he can come to the meeting?** ヘイガンさんに会議に来られるかどうか尋ねました？

▷ **He can't make it. He said he is sorry.** 来られません。すまないとのことです。

▶ **Shall we ask Yuki to help us make sushi?** ユキに寿司作りを手伝ってもらうよう頼みましょうか？

▷ **OK. I'll ask her when she has time.** いいね。いつ時間があるか尋ねるよ。

❗ 依頼の場合のパターンは ask＋［人］＋to＋［動詞］なんだ。

▶ **You'll not go there alone, will you?** 君一人でそこへ行かないよね？

▷ **No. I asked Harry to come with me.** いえ。ハリーに一緒に来てもらう。

▶ **Ms. Jarrett speaks too fast.** ジャレット先生は話すのが速すぎる。

▷ **I agree. Shall we ask her to speak slowly?** 確かに。ゆっくり話すよう頼みましょうか？

▶ **I'm on a low-salt diet.** 減塩の食事制限があるんだ。

▷ **Don't worry. We can ask the chef not to add salt.** 大丈夫。シェフに塩を加えないよう頼めるよ。

▶ **The audience was asked not to record the lecture.** 講義を録音しないよう聴衆は依頼された。

▶ **I want to ask Brenda out for a drink.** ブレンダを飲みに誘いたいんだ。

▷ **Well, she doesn't know much about you yet. Why don't you ask her out for coffee first?** あのさ、彼女はまだ君の事をそんなに知らない。まずはコーヒーに誘ったら？

▶ **Tony asked me out.** トニーがお出かけに誘ってきた。

▷ **Nice going. He asked you out on a date!** やったね。デートに誘ってきたってことだ！

10 see

見る、会う、分かる

see の3つのイメージを例文でつかむ

Did you see my glasses?
私の眼鏡を見かけた？（見る）

I'll see you next week.
来週お目にかかります。（会う）

You'll see who wins.
誰が勝つかは今に分かるよ。（分かる）

リアルフレーズ

▶ **You can see the ocean from the top floor.**
最上階からは海が見えるよ。

▶ **Have you seen this movie?**
この映画観たことある？

▶ **Can I see your ID, please?**
身分証明を見せてもらえますか？

▶ **At the zoo, we saw pandas and alpacas, but we couldn't see many nocturnal animals.**
動物園ではパンダとアルパカを見たけど夜行性動物はあまり見られなかった。

▶ **I don't feel well.**
I should see a doctor.
具合が悪い。
医者にかからなければ。

▶ **When you see Sid, will you give this to him?**
シドに会ったらこれを渡してくれる？

▶ **Will I see you at the next meeting?**
次の会合で会えますか？

▷ **Yes. I'll see you then.**
はい。その時にお目にかかります。

▶ **You can fold this shopping bag into pocket size. See?** このエコバッグはたたんでポケットサイズになるんだ。ほらね？
▷ **I see!** なるほど！

▶ **Are you seeing anyone now?** 今誰かと付き合っている？
▷ **No. Are you going to introduce me to someone?** いいえ。誰かに紹介してくれるの？

❗ see は「付き合う」の意味にもなり、たいていは恋愛の発展段階なので進行形です。

▶ **How long have you been seeing Ted?** テッドと付き合ってどれくらい？
▷ **Two weeks. We're not serious yet.** 2週間。まだ真剣じゃない。
We'll see how it goes. どう展開するか様子を見るわ。

▶ **I haven't had any good sleep for weeks.** 何週間もよく眠れていない。
▷ **Why don't you try aroma therapy and see if it helps?** アロマテラピーを試して、効くかどうか見てみる？

▶ **I want to ask Gina out for a drink, but I just can't.** ジーナを飲みに誘いたいけど、できない。
▷ **I would just ask and see what she says.** 自分ならとっとと誘って彼女が何て言うか様子を見るよ。

▶ **This cleanup program may speed up your computer. Do you want to try it to see what happens?** このクリーンアッププログラムでPC を高速化できるかも。

▶ **Do you think the boss liked our suggestion?** 上司は私たちの提案をお気に召したと思う？
▷ **I don't know.** 分からない。
We just have to wait and see. ただ待って様子を見るしかないね。

work

勤務・努力、作動、好作用

workの3つのイメージを例文でつかむ

I work for an IT company.
IT企業に勤務しています。(勤務・努力)

The copier is not working.
コピー機は動いていない。(作動)

This plan will work.
この計画はうまく行くよ。(好作用)

リアルフレーズ

▶ **I work Monday through Friday.** 私は月曜から金曜の勤務です。

▶ **I'm going to work late tonight.** 今夜は遅くまで仕事だ。

▶ **At what company do you work?** どこの会社でお勤めですか？
▷ **Actually, I freelance.** 実はフリーで働いています。

▶ **Are you working tomorrow?** 明日は仕事ですか？
▷ **Yes, but I'll be working from home.** はい、だけど在宅勤務です。

▶ **You got a high score!** 高得点を出したね。
▷ **Yes, I did. I worked hard.** はい。がんばりました。

▶ **The group is working to protect the environment.** そのグループは環境保護活動をしている。

▶ **Scientists are working to stop the virus.** 科学者たちはそのウィルスを食い止める努力をしている。

▶ **My son's school is holding a music festival. He is working on his piano part.**
息子の学校は音楽会を開催します。彼はピアノのパートに取り組んでいます。

❗ work に on を付けると「取り組む」という意味で使うよ。

▶ **I'm working on something right now, but I'll help you after I'm done.**
今は取り組んでいることがあるけど終わったら、手伝いますね。

▶ **The clock stopped working.**
時計が動かなくなった。

▷ **I think it just needs new batteries.**
新しい電池が必要なだけだと思う。

▶ **The air conditioner is not working.**
エアコンが動いていない。

▷ **It's self-cleaning now.**
It'll start working in a minute.
自動洗浄しているだけ。
もうすぐ動き始めるよ。

▶ **How about lunch next Monday?**
来週の月曜に昼食をどう？

▷ **Sorry, that day doesn't work for me.**
I can make it on Tuesday.
悪いけど、その日は都合がつかない。
火曜ならいいよ。

▶ **Lots of people cannot make the meeting. Shall we switch to an online meeting?**
多くの人が会議に来られません。オンライン会議に切り替えましょうか？

▷ **That might work.**
それならうまく行くかもしれません。

▶ **Is the painkiller working?**
痛み止めは効いている？

▶ **This medicine works for a cold.**
この薬は風邪に効く。

▶ **This is too expensive.**
How about half the price?
高すぎるわ。
半額でどう？

▷ **Ma'am, it doesn't work that way.**
お客様、そういうわけにはいきません。

12 go

行く、進み具合、展開

goの3つのイメージを例文でつかむ

I want to go to the beach.
海に行きたい。(行く)

How is your new job going?
新しい仕事はどう？(進み具合)

Something went wrong.
何かまずいことになった。(展開)

リアルフレーズ

▶ **We'll go to the Italian place for lunch.** 私たちは昼食にイタリアンに行きます。
Do you want to join us? 一緒にどうです？

▶ **How is your roommate Mari doing?** ルームメイトのマリはどうしてる？
▷ **She's homesick.** ホームシックにかかっている。
She wants to go back to Japan. 日本に帰りたいって。

▶ **Don't go that way. It's a dead end.** そっちに行かないで。行き止まりだ。

▶ **These receipts stay here, but those bills go to the accounting office.** これらの領収書はここに置いて、それらの伝票は経理部に行きます。

▶ **I'll help you.** 手伝うよ。
Where do these plates go? こちらのお皿はどこにしまえばいい？
▷ **They go on the top shelf of the cupboard.** 食器棚の一番上の棚にお願い。

▶ I'll go skiing in Hokkaido.　北海道にスキーに行くんだ。
▷ Great! I went sightseeing there last year.　いいね！　去年そこに観光で行ったよ。

❗ 球技以外の野外スポーツや活動は go の後に -ing で。

▶ What did you do for the weekend?　週末は何をしたの？
▷ I went hiking with my family.　家族とハイキングに出かけました。

▶ How is your schoolwork going?　学校の勉強の方はどうなの？
▷ It's going all right.　うまく行っているよ。

▶ Our honeymoon was going well at first. Then a storm hit the area. We couldn't go anywhere.　新婚旅行は最初はうまく行っていたんだ。そしたら嵐に見舞われて、どこにも行けなかったよ。

▶ How did the meeting with the boss go?　上司とのミーティングはどうだった？
▷ It went all right. She asked me to go to the Tokyo meeting.　大丈夫だった。東京の会議に行くよう依頼を受けた。

▶ Sally hasn't talked to me for days. She's angry about something.　サリーはもう何日も口をきかない。彼女は何かのことで怒っている。
▷ Really? Where did things go wrong?　本当？　どこでこじらせたの？

▶ Everything is going wrong.　何もかもがうまく行っていない。
▷ Sometimes life goes that way.　人生そうなることもあるよね。

▶ Did you have a good weekend?　いい週末を過ごせた？
▷ I went on a date with Sally.　サリーとデートに出かけた。
▶ Did you? How did it go?　そうなの？　どうだった？

13 stay

宿泊、居る・とどまる、状態の持続

stayの3つのイメージを例文でつかむ

Let's stay at a nice hotel.
いいホテルに泊まろうよ。（宿泊）

We're staying in the Lake District.
湖水地方に滞在中です。（居る・とどまる）

We will stay open until 11.
当店は11時まで開いています。（状態の持続）

リアルフレーズ

▶ **We didn't stay at a regular hotel. We stayed at a B&B, a bed and breakfast.**
普通のホテルには泊まらなかった。B&B、つまりベッド＆ブレックファーストに泊まった。

▶ **Do you know where you are staying?**
どこに泊まるか決まっているの？

▷ **No. We'll find a cheap hotel when we get there.**
いや。着いてから安ホテルを見つけるよ。

▶ **Did you stay with a host family?**
ホストファミリーの家に泊まったの？

▷ **Yes. They had a guest room, so I stayed there.**
そう。客間があったからそこに泊まったんだ。

❗ stay with ～は「～の家に泊まる」と「～と一緒に居る」の解釈が可能なんだ。

▶ **Lily, Mommy and Daddy will go out. You will stay with your big sister. OK?**
リリー、ママとパパは出かけるよ。お姉ちゃんと一緒に居るんだよ。いいね？

▶ **We offer free late checkout.**
無料でレイトチェックアウトができます。

If you want, you can stay until noon. ご希望なら正午まで居られますよ。

▶ Did you travel all over the island? 島全体を旅したの？
▷ No. We stayed only in the southern area. いえ、南部のみにとどまりました。

▶ The tour guide will come back soon. We should stay here. ツアーガイドはもうすぐ戻ってくる。私たちはここに居た方がいいだろう。

▶ The weather will stay sunny tomorrow. 明日も快晴が続きます。

▶ You still have a fever. Go to bed and stay warm. あなたはまだ熱があるよ。温かくして寝て。

▶ I can see this boy will always stay the same. この少年はずっと変わらないでいると想像できる。
▷ Yup. He'll be a free-spirited young man. うん。自由な心を持つ青年になるだろう。

▶ The company is going through a major change. 会社は大きな変革を遂げている。
Nothing will stay the same. すべてが変わるよ。（直訳：同じままのものは何もない）

▶ How do I get to a gas station around here? この辺りのガソリンスタンドにはどう行くの？
▷ Stay on this road and turn right at the bank. この道路をそのまま進んで、銀行を右に。

▶ This dog bites. Stay away from it. その犬、噛むよ。離れていて。

▶ The temperature will stay above 35 °C today. 今日の気温は35℃を超えたままだって。
▷ OK. We'll stay indoors. 分かった。屋内に居よう。

▶ I'll miss you. We'll stay friends. OK? 寂しくなるよ。友達でいようね。いい？
▷ Of course. We'll stay in touch. もちろん。連絡を取り合っていようね。

14 pass

渡す、合格する、通過する

passの3つのイメージを例文でつかむ

Pass the ball to me.
こっちにパスして。(渡す)

You can pass the test.
君なら試験に受かるよ。(合格する)

The storm has passed.
嵐は過ぎ去った。(通過する)

リアルフレーズ

▶ **Could you pass me the salt?** 塩を取ってくれる?

▶ **The athletes practiced passing a baton.** 選手たちはバトンを渡す練習をした。

▶ **We are going to pass around a box. Please put your comment sheets in it.** 箱を回していきます。その中に意見書を入れてください。

▶ **What is the minimum score to pass the test?** 最低何点でテストに合格ですか?

▶ **If I don't pass the driving test this time, I will have to start all over.** もし今度の運転実技試験に合格しなければすべて最初からやり直しだ。

▶ **I passed the resume screening. I will have an interview next week.** 履歴書審査を合格しました。来週面接があります。

▶ I passed the French class with an A, — 私はフランス語のクラスをAで合格したけど
but I'm not a fluent French speaker. — フランス語を流ちょうに話せない。

▶ When he was 17, he passed as a 21-year-old. — 彼は17歳の時、21歳の人として通った。
That is how he got a job at a bar. — そうやってバーの仕事にありついた。

▶ You picked up the local dialect perfectly. — 君は地方訛りを完璧に習得したね。
You can pass as a native now. — もう地元民で通るよ。

▶ Do you want any dessert? — デザート、いる？
▷ No, thanks. I'll pass. — いえ、結構。やめておきます。

▶ I can't find the freeway entrance. — 高速の入り口が見つからない。
Have we passed it? — 通り過ぎてしまったか？

▶ You're from that town, too? — あなたもあの町出身なの？
We might have passed each other somewhere. — どこかですれ違っていたかもね。

▶ The typhoon may pass through this area. Let's bring the flower pots into the house. — 台風がこの地域を通過するかもしれない。花の鉢を家の中に入れておきましょう。

▶ Time passes slowly when you can't sleep. — 眠れないと時間がゆっくりと過ぎます。

▶ More than 10 years have passed — 10年以上が過ぎた
since I joined the company. — 私が入社してから。

▶ You will be sorry — きっと後悔するよ
if you pass up this great opportunity. — こんないい機会を逃したら。

15 turn

曲がる、変化、向く

turn の3つのイメージを例文でつかむ

Turn right at the next corner.
次の角を右折して。(曲がる)

She will turn 20 tomorrow.
彼女は明日20歳になります。(変化)

The kids turned toward me and waved.
子どもたちは私の方を向いて手を振った。(向く)

リアルフレーズ

▶ **At the next light, we'll turn left.** 次の信号で左折するよ。

▶ **Turn the wheel to the right.** ハンドルを右に切って。

❗ 運転席のハンドルは英語では wheel または steering wheel だよ。

▶ **You can open it by turning the handle to the left.** つまみを左に回すと開けられます。

▶ **Turn the lever to the max.** レバーを行けるところまで回して。

▶ **Leaves are turning red.** 紅葉してきたね。

▶ **When Joey asked Tina out on a date, his face turned red.** ティナをデートに誘った時ジョーイの顔は赤くなった。

▶ **He didn't wait for the light to turn green.** 彼は信号が青に変わるのを待たなかった。

▶ **According to the map, Highway 80 will turn into Highway 380.** 地図によると、80号線は380号線に変わる。

▶ **When I turned my eyes toward Rick, he just turned his back on me. He is hiding something!**
リックの方に目を向けたら彼はすぐに私に背を向けた。何か隠し事をしている！

▶ **When the kitten turned away, the other kitten jumped on him.**
その子猫がよそを向くともう一匹の子猫が飛びかかった。

▶ **Please turn to page 7.**
めくって7ページを見てください。

▶ **Turn to the back of the book. You can see the index.**
巻末にページをめくってください。索引が見られますよ。

▶ **The conversation turned to politics.**
会話は政治のことに変わった。

▶ **Turn your face toward the sun. That's good. Say "cheese."**
顔を太陽の方に向けて。いいよ。ハイ、チーズ。

▶ **The pianist turned toward the audience and bowed.**
ピアニストは聴衆の方を向いて一礼した。

▶ **My parents said, "Try to be independent, but you can always turn to us for help."**
両親は言った。「自立する努力をしなさい。でも助けが必要な際はいつでも来なさい」

❶ turn to ～だと何かを求めて～の方を見ることになるんだ。

▶ **Dorothy is like everyone's big sister. People turn to her to talk about their troubles.**
ドロシーは皆のお姉さんみたいだ。誰もが悩みを話しに彼女のもとを訪れる。

▶ **Students always turn to the Internet. "Do they even need me?" a teacher tweeted.**
学生はいつもネットに走る。「私を必要としないのか？」ある教師がツイートした。

▶ **When we want a good laugh, we turn to Roy for jokes.**
私たちはいい笑いが欲しくなるとロイにジョークを求める。

16 run

走る・運行、作動、経営・運営する

run の3つのイメージを例文でつかむ

I run 10 km every day.
私は毎日10キロ走る。（走る・運行）

This clock runs on solar power.
この時計は太陽光発電で動く。（作動）

Diana runs a company.
ダイアナは会社を経営している。（経営・運営する）

リアルフレーズ

- **We had to run to catch the bus.** バスに乗るのに走らなければならなかった。
- **Joanna ran a marathon, and she came in second.** ジョアンナはマラソンを走り、2位だった。
- **The express train runs every 20 minutes.** 急行電車は20分毎に運行する。
- **The bus runs between Kyoto and Nagoya.** そのバスは京都と名古屋間を運行する。
- **The highway runs through the city.** その幹線道路は市街を貫通している。
- **Musical talent runs in his family.** 彼の家族は音楽の才能に恵まれている。（直訳：才能が家族中に流れる）

  They are all great musicians. みな素晴らしい音楽家だ。

▶ The projector was running fine until yesterday.
プロジェクターは昨日まで正常に動いていた。

▶ Thanks to your help,
everything is running smoothly.
あなたの支援のおかげで
すべてが順調に進んでいます。

▶ This watch runs on body heat,
so it stops running after you take it off.
この腕時計は体温で作動するから
取り外した後は動かなくなる。

▶ My brain is running slowly now.
I just need coffee.
今の私の頭は働きが悪い。
コーヒーが必要だ。

▶ After we ran the campaign,
more people knew about the product.
そのキャンペーンをした後
より多くの人がその商品について知った。

▶ The shop is running a special sale right now.
今ならそのお店は特価セールをしていますよ。

▶ Jeff knows how to run the software.
ジェフはそのソフトウェアの動かし方を知っている。

▶ The MC is doing a great job running the ceremony.
司会者は儀式の進行にあたって素晴らしい仕事をしている。

▶ My family runs a small restaurant.
私の家族は小さなレストランを経営している。

▶ The director has to run the whole department.
ディレクターは部署全体を動かさなければならない。

▶ If you can run a business,
you don't need a college degree.
事業の経営ができるなら
大学の学位は必要ない。

01 have より

1. もうすぐ空港に向かうんだよね？　気を付けてね（＝安全な旅を）

You are heading to the airport soon, right? ________ ___ ________ trip.

2. よい週末をお過ごしください。

_________ _____ _________ ________________.

3.「頭痛がする」「あなた熱もあると思う」

"I _______ a headache." "I think you _________ ___ fever, too."

4. そのホテルにはレストランがあるの？

_______ the _________ _______ a _______________?

Answer: 1. Have a safe 2. Have a good（または great や nice）weekend 3. have, have a 4. Does, hotel have, restaurant

02 take より

1. いくつか観光地にお連れしましょうか？（私に連れて行ってほしいですか？）

Would you like me to _________ ______ _____ some tourist spots?

2. 遅刻になりますよね。タクシーに乗らなければ。

We are going to be late. We have to _______ ___ _______.

3. バスの乗車は長くかかるよ。これらのサンドイッチを持っていこう。

The bus _____ will ______ a long time. Let's _______ these sandwiches.

4. 英語のクラスは６年間取ったけど、多くは忘れてしまった。

I _______ English classes for six ________, but I've forgotten so much.

Answer: 1. take you to 2. take a taxi（または cab）3. ride, take, take 4. took, years

03 keep より

1. もし気に入られたのなら、持っていていいですよ。

   If you like it, you ______ ________ it.

2. 書類はすべてこのバインダーに入れて保管します。

   We ________ _____ the documents in this binder.

3. これは安全にしまっておいてください。（＝安全に保つ）

   Please ________ this ________.

4. 「君は同じ質問を何度もするんだね」「すみません、つい忘れてしまうのです」

   "You ______ ________ the same question." "Sorry. I ______ ________."

Answer: 1. can keep 2. keep all 3. keep, safe 4. keep asking, keep forgetting

04 tell より

1. ジュリアン、新しい仕事について教えてよ。気に入っている？

   Julian, ______ me ________ your new job. How do you ________ it?

2. 両親に夕食時には家にいるように言われているの。

   My parents ________ me _____ be home at dinner time.

3. チームは負けたんだね。彼の顔の様子からそれが分かるよ。

   His team lost. I can ________ that from the look on his ______.

4. 「この味が何か分かる？」「おそらくはシナモン？」

   "______ you ______ ________ this flavor is?" "Cinnamon, perhaps?"

Answer: 1. tell, about, like 2. tell, to 3. tell, face 4. Can, tell what

05 make より

1. 明日1時の予約をいただけますか？

Could I ______ an ______________ with you for one o'clock tomorrow?

2. お客さんを待たせることだけはするな。

Just ________ __________ your customers _________.

3. こういう曲は眠くなるから、運転時には聞かないんだ。

This kind of music ______ me _______, so I don't listen to it when I drive.

4. あなたに手伝ってもらったおかげで、締め切りに間に合わせられる。

Thanks to your help, I _______ ________ the deadline.

Answer: 1. make, appointment 2. don't make, wait 3. makes, sleepy 4. can make

06 get より

1. コーヒーを買いに行くけど、君も要る？

I'll go to _______ a cup of coffee. Do you want one, too?

2. メールを3通送りました。全部届いていますか？

I've sent you three emails. _______ you _______ _____ of them?

3. プレゼンでは要点を繰り返すんだ。でないと聴衆は理解しない。

In the presentation, repeat your point, or your audience won't _____ ____.

4. 駅に着いたら電話してください。

When you _______ _____ the __________, please ______ me.

Answer: 1. get 2. Did, get（または receive）, all 3. get it 4. get to, station, call

07 helpより

1. パーティーを手伝いたいわ。何をしたらいいか言ってくれる？

I want ____ ________ you ______ the party. Just _______ me what to do.

2. これが英訳ですよ。これがあなたの理解の助けになるでしょう。

Here is the English translation. This will ________ you _______________.

3. ロイのジョークを聞いたら笑わずにいられなかったよ。

When I heard Roy's jokes, I __________ ________ _____________.

4.「子猫を3匹見つけて家に連れて帰ったの？」「仕方なかったんだ」

"You found three kittens and took them home?" "I ________ ______ it."

Answer: 1. to help, with, tell 2. help, understand 3. couldn't help laughing 4. couldn't help

08 leaveより

1. 一緒に夕食をどう？　私は6時に会社を出られるよ。

Why don't we have dinner together? I _____ ______ my office ___ six.

2. 伝達メモをあなたの机の上に置いておきました。

I _________ a memo ____ your desk.

3. 図書館の閉館後は、本は返却口に入れておけば（＝置き去りにすれば）よい。

After the library is closed, you can _________ books ___ the drop box.

4. ちょっと待って。パソコンをつけっぱなしにしてきたと思う。

Wait a minute. I think I _________ the computer ____.

Answer: 1. can leave, at 2.left, on 3. leave, in 4. left, on

09 askより

1. 観光客が私にその寺への行き方を尋ねてきた。

A tourist ________ _____ ______ to get to the temple.

2. 彼らは忙しそうだ。私たちの助けが必要かどうか尋ねましょう。

They look busy. Let's ______ them ___ they need our help.

3. マイクはここにいません。彼にあなたに電話するよう頼みましょうか？

Mike is not here. Shall I ______ ______ ___ ______ you?

4. おしゃれしてる！　誰かお出かけに誘ってきたの？

You look nice! Did someone ________ you ______?

Answer: 1. asked me how 2.ask, if 3.ask him to call 4. ask, out

10 seeより

1. ダビンチのすごい作品を見ました。来月まで見られますよ。

I ____ amazing works by da Vinci. You ____ ____ them until next month.

2. しばらく両親に会っていない。近いうちに実家に帰るのがいいかな。

I haven't ____ my parents for a while. I think I should go back ____ soon.

3. テッドとリサって付き合っているの？

Are Ted and Lisa _________ each other?

4.「新しい食事療法は効いている？」「まだ分からない。どうなるか様子見ね。」

"Is the new diet helping you?" "I don't know yet. I'll ____ ______ happens."

Answer: 1. saw, can see 2. seen, home 3.seeing 4. see what

11 work より

1.「どこで仕事をしていますか？」「京都でツアーガイドとして働いています」

“_______ do you _______?” “I _______ in Kyoto as a tour guide.”

2. そのグループはホームレスの支援活動をしている。

The group is _______ _______ help homeless people.

3. そのプランはうまく行きましたか？

_______ the plan _______?

4. 昼食のことだけど…。1時で都合はつく？

About the lunch .... Does one o’clock _______ for you?

Answer: 1. Where, work, work 2. working to 3. Did, work 4. work

12 go より

1.「買い物に行ったの」「どこに行ったの？」

“I _______ _______.” “_______ _______ you _______?”

2. そのボトルは捨てないで。それはプラスチック専用箱に行くのよ。

_______ throw away the bottle. It _______ _______ the plastics bin.

3.「友達と出かけたんだ」「そうなの？ どうだった？」

“I _______ out _______ a _______.” “Did you? _______ _______ it go?”

4. すべて順調ですか？

Is _______ _______ all right?

Answer: 1. went shopping, Where did, go 2. Don’t, goes in 3. went, with, friend, How did 4. everything going

13 stay より

1.「3連休の予定は？」「おばあちゃんちに泊まるんだ」

"Any plans for the three-day weekend?" "I'll ________ at Grandma's"

2. あなた私の家の近くを旅行してたんだね。私の家に泊まることもできたのに。

You were traveling near my house. You could have ________ ______ me.

3. 今日の気温はずっと温かいままでしたね。

The temperature ________ ________ all day today.

4. ジョギングして昼食抜いたのに、体重は同じまま。それって分からない。

I jogged and skipped lunch, but my weight ____ the ____. I don't get it.

Answer: 1. stay 2. stayed with 3. stayed warm 4. stays（または stayed), same

14 pass より

1. テレビのリモコンをちょうだい（＝私に渡して）

Will you _______ _____ the TV remote control?

2. あなたのお祖母さんどうやってあんなに若くいられるの？ お母さんで通るよ。

How can your grandma stay so young? She could _____ _____ your mom.

3. 私はいつもこの店を通り過ぎるが、中に入ったことはなかった。

I always _______ this shop, but I have never been _________.

4. 学生たちは入試に受かった後は、勉強しなくなる。

After ________ entrance examinations, students _______ studying.

Answer: 1. pass me 2. pass as 3. pass, inside 4. passing, stop

15 turn より

1. 踏切を超えたら右折して。

After passing the railroad crossing, ________ ________.

2. お誕生日おめでとう！　17歳になったの？

Happy birthday!　Did you just ________ 17?

3. 次のページをめくってください。

Please ________ ______ the next page.

4. もうすぐ信号が青になるよ。

The light will soon ________ ________.

Answer: 1. turn right 2. turn 3. turn to 4. turn green

16 run より

1. 運動にランニングを始めるべきだな。

I should start ________ for exercise.

2. この車は電気だけで動くのですか？

Does this car ________ only ____ electricity?

3. リーダーはチームのプロジェクトを回さなければならない。

The leader has ______ ______ team projects.

4. グレッグのもとで働けば、小規模企業の経営の仕方を学べる。

If you work for Greg, you can learn how ____ _______ a small business.

Answer: 1. running 2. run, on 3. to run 4. to run

STEP 6

熟語こそ
慣用表現の賜物

be の熟語

「ある状態」を意味する be から派生する熟語を知ろう

Are you for or against it?
あなたはそれに賛成それとも反対ですか？

I might be able to help you.
あなたを手伝ってあげられるかもしれない。

The show is about to begin.
ショーが始まるところです。

Your future is up to you.
あなたの未来はあなた次第だ。

リアルフレーズ

be for ～ ＝ ～に賛成　⇔　be against ～ ＝ ～に反対

▶ **That's a great idea. I'm for it.**
それはいい考えですね。賛同します。

▶ **This plan didn't go through, because the majority were against it.**
この案は通らなかった、というのは過半数が反対したからだ。

▶ **Many people are for it, but a few are strongly against it.**
多くの人が賛成ですが、数人は強く反対しています。

be able to ＋ ～（＝動詞）＝ ～できる

▶ **You have a talent for languages. You'll be able to speak Japanese fluently in a year.**
あなたは語学の才能があるよ。1年で日本語を流暢に話せるよ。

❗ be able to が can と異なる点は未来形にも他の助動詞と組み合わせられる点だよ。

▶ **Were you able to make the last train last night?** 昨夜は最終電車に間に合ったの？

▷ **No, I wasn't. I tried a "capsule hotel."** いえ。カプセルホテルってやつを試した。

be about to ～（＝動詞）＝ ～をするところだ

▶ **Weren't you about to say something?** 何か言おうとしてなかった？

▷ **Yes, but I forgot what it was.** うん、だけど何だったか忘れた。

▶ **Let's watch this. The street performer is about to do something.** これ見ていこうよ。ストリートパフォーマーが何かするところだよ。

▶ **The cuckoo clock goes "Cuckoo" when I'm about to fall asleep.** 鳩時計は私が眠りに落ちるところで「クックー」っと鳴る。

be up to ～ ＝ ～次第だ

▶ **I'm against the plan, but the final decision is not up to me.** 私はその案に反対ですが、最終決定は私次第ではない。

▶ **The tax rate may go up soon. It's up to the government.** もうすぐ税率が上がるかもしれない。政府次第だ。

▶ **You can take it or leave it.** やるかやらないかは（直訳：それを取り入れるも放置するのもよし）

It's up to you. あなた次第です。

02 take の熟語

「取る」を意味する take から派生する熟語を知ろう

I can take on more work.
もっと業務を引き受けられます。

Please take off your shoes here.
ここで靴を脱いでください。

I'll take care of your cat.
私が君の猫の世話をするよ。

My son takes after me.
息子は私に似ています。

リアルフレーズ

take on = 引き受ける

▶ **Can anyone take on some extra work?**
誰か追加業務を引き受けられますか？

▶ **If you get a promotion, you'll have to take on new responsibilities.**
もし昇進したら新たな責任を引き受けることになります。

▶ **Jack works only 20 hours a week. He wants to take on more hours.**
ジャックの勤務は週20時間だけだ。彼は勤務時間を増やしたがっている。

take off = 脱ぐ、離陸する

▶ **Please take off your coat and make yourself at home on the sofa.**
どうぞコートを脱いでソファーで寛いでください。

▶ **The plane took off as scheduled.**
飛行機は定刻通りに離陸した。

▶ **At the entrance to the temple, you'll be asked to take off your hat.**
お寺の入り口で帽子を脱ぐように言われます。

▶ **I still don't see how airplanes can take off. Haven't you ever wondered?**
未だにどうやって飛行機が離陸できるのか分からない。今まで不思議に思ったことない？

take care of ～ ＝ ～を世話する、対処する

▶ **Please take care of yourself. The flu is going around.**
ご自愛くださいね。インフルが流行っていますから。

▶ **I'm not worried about my daughter. I know she can take care of herself.**
私は娘のことは心配していません。自分のことは自分でできる子です。

▶ **I know work is important, but I need to take care of my health, too.**
仕事が大事なのは分かるけど自分の健康も大事にしないと。

▶ **I couldn't take my lunch break. I had to take care of several phone calls.**
お昼休みを取れませんでした。いくつか電話対応をしなければならなくて。

take after ～ ＝ ～に似ている（人が主語）

▶ **In looks, I take after my father, but my personality is just like my mother's.**
容姿においては私は父親譲りですが、性格は母のとまるでそっくりなんです。

▶ **You really don't like math, do you?**
本当に数学が好きじゃないんだね。

▷ **That's right. I take after you, Mom.**
その通り。ママ似なんだよ。

03 get の熟語

「得る」「ある状態にさせる」を意味する get から派生する熟語を知ろう

Let's get on the next bus.
次のバスに乗りましょう。

We'll get up early tomorrow.
明日は早く起きますよ。

I want to get over my fear of flying.
私は飛行恐怖症を克服したい。

We have to get by on one salary.
私たちは一人分の給料でやっていかなければならない。

リアルフレーズ

get on ＝ 乗車する ⇔ get off ＝ 降車する

▶ **In big cities, getting on and off a rush-hour train is like a battle.**
大都会ではラッシュアワーの電車への乗り降りはまるで戦いだ。

▶ **I think we got on the wrong train. Let's get off at the next station.**
違う電車に乗ったようです。次の駅で降りましょう。

▶ **When I got on the elevator, an alarm sounded. Everyone looked at me, so I got off.**
私がエレベーターに乗ったらアラームが鳴った。皆が私を見たので、降りた。

▶ **We got in a taxi, but it had no meter, so we quickly got out of it.**
私たちはタクシーに乗り込んだが、メーターがなかったのですぐ降りた。

❗ get on / off は頭をかがめずに乗り降りできる乗り物に、自動車と建物や部屋の場合は get in / out (of) なんだ。

▶ It's closing time. Let's **get out** of here. 閉店時間だ。出よう。

▶ You'll need your ID badge to **get in** the office. オフィスに入るには ID バッジが必要だ。

get up ＝ 起き上がる

▶ A boy fell but quickly **got up**. 少年は転んだが素早く起き上がった。

▶ I usually **get up** at 7. 私は通常は7時に起床する。

▶ When the rock star got on the stage, we all **got up** from our seats. ロックスターが舞台に立つと私たちはみな席から立ち上がった。

get over ＝ 乗り越える

▶ There are two ways to **get over** the mountain. You can take the tunnel or Skyline Road. 山を越える方法は二つある。トンネルかスカイラインロード。

▶ I can't **get over** my ex-boyfriend. 元カレを忘れるなんて無理。
▷ I know. Well, time heals. 分かる。時間が癒してくれるよ。

▶ This flu is really bad. I won't **get over** it this week. このインフルは手ごわいよ。今週で回復ってわけにはいかない。

get by ＝ なんとかしのぐ

▶ I lost my job, but I'll **get by** for a few more months. 失業したけどあと数か月は何とかなるよ。

▶ Will you be all right without me? あなたたち、私がいなくて大丈夫？
▷ We'll **get by**, Mom. Enjoy your trip. 僕たちは大丈夫さ、ママ。旅を楽しんで。

04 go の熟語

「行く」「向かう」を意味する go から派生する熟語を知ろう

The fee will go up soon.
もうすぐ料金が上がります。

What is going on?
何が起こっているの？

Let's go back to work.
仕事に戻りましょう。

Swallows will go away after the summer.
夏が過ぎればツバメはいなくなる。

リアルフレーズ

go up = 上がる、増える ⇔ go down = 下がる、減る

▶ **The sales figures are going up.** 売上高は上がっている。

▶ **Let's go up those stairs. The view must be nice.** あの階段を登ろう。景色がいいでしょう。

▶ **The value of the yen may go down in the near future.** 円の価値が近い将来下がるかもしれない。

▶ **Finally, my body temperature went down to normal.** やっと平熱に下がりました。

go on = 起こる、継続する

▶ **Is the meeting still going on?** 会議はまだ続いているのですか？

▶ **There are so many people here.**
A special event must be going on.
ここには大勢の人がいる。
特別なイベントがあるのに違いない。

▶ **We've lost so many things,**
but life will go on.
ずいぶん多くのものを失った。
それでも人生は続いていく。

go back ＝ 戻る、さかのぼる

▶ **I left my phone in the hotel.**
Can we go back there?
電話をホテルに置き忘れちゃった。
戻ってもいい？

▶ **Our vacation is almost over, but I don't want to go back to the job.**
もうすぐ休暇が終わるけど仕事に戻りたくない。

▶ **There aren't many visitors in the national park.**
国立公園に訪問者があまりいないね。

▷ **That's because students have gone back to school.**
それは学校が始まったからでしょう。

▶ **Your marriage goes back 50 years!**
What are your secrets for a successful marriage?
ご結婚50年になるのですね！
うまくいく結婚の秘訣は何ですか？

▶ **This tradition goes back over a century.**
この伝統は１世紀以上もさかのぼる。

go away ＝ なくなる、行き去る

▶ **How can we make the bugs go away?**
どうやったら虫がいなくなるかな？

▷ **We could burn an incense stick.**
線香を焚くのもいいかも。

▶ **I hope your headache will go away soon.**
あなたの頭痛、もうすぐおさまるといいね。

▶ **We have to do something, because this problem will not go away.**
何とかしないといけないね。この問題は放っておいてもなくならない。

05 look の熟語

「見る」を意味する look から派生する熟語を知ろう

Look at that!
あれを見て！

What are you looking for?
何を探しているの？

I look forward to your visit.
あなたの訪問を楽しみにしています。

The team members look up to you.
部員たちはあなたを尊敬しています。

リアルフレーズ

look at ～ ＝ ～を見る

▶ **Please look at this graph.** こちらのグラフをご覧ください。

▶ **Look at this.** これを見て。
The yen has gone up again. また円高になった。

▶ **Look at my face.** 僕の顔を見て。
Do I look like I'm lying? 嘘ついてるように見える？

look for ～ ＝ ～を探す

▶ **Jess was looking for you.** ジェスがあなたを探していたよ。

▶ **Are you looking for something?** 何か探しているのですか？
▷ **Yes. Have you seen my blue pen?** はい。私の青ペンを見かけました？

▶ I looked for the yogurt, but I didn't see it.　ヨーグルトを探したけど、見当たらなかった。
▷ Did you look in the dairy section, not the dessert section?　乳製品売り場を探した？　デザート売り場でなくて。

look forward to ～（＝名詞 / -ing）＝ ～を楽しみにする

▶ Are you looking forward to the trip?　旅行、楽しみ？

▶ I'm looking forward to seeing you next week.　来週お目にかかるのを楽しみにしています。

▶ I look forward to your reply.　あなたの返信をお待ちしております。

▶ I'm not looking forward to my retirement.　定年退職なんて楽しみではないです。
▷ Really? I look forward to having more free time.　本当？　私はもっと自由時間を持つのは楽しみです。

❗ look forward to は現在形でも現在進行形でも使えるんだ。

look up to ～ ＝ ～を尊敬する　⇔　look down on ～ ＝ ～を見下す、見下ろす

▶ I look up to the coach. He is my role model.　僕はコーチを尊敬している。彼は僕のお手本なんだ。

▶ If you go to the top of the tower, you can look down on the whole city.　塔のてっぺんに行ったら街全体を見下ろせるよ。

▶ I was only joking. I would never look down on vegans.　ほんの冗談だよ。菜食主義者を見下したりしないよ。

put の熟語

「置く」を意味する put から派生する熟語を知ろう

I will put the package on the counter.
荷物をカウンターの上に置いておきます。

Put on a lot of sunscreen.
日焼け止めをたくさん塗りなさい。

We should put off the game until next month.
試合を来月まで延期にすべきだ。

If you live here, you have to put up with traffic noise.
ここに住むなら交通音を我慢しなければならない。

リアルフレーズ

put ~ on ... / put ~ in ... = ～を…の上に置く / ～を…の中に入れる

▶ **Where do you want your coffee?** コーヒーをどこに置こうか？
▷ **Will you put it on my desk?** 私の机の上に置いてもらえる？

▶ **Where is the new book?** 新しい本はどこ？
▷ **I put it on the bookshelf.** 本棚に置いておいた。

▶ **We need to keep this in a safe place.** これを安全な場所に保管する必要があります。
▷ **OK. Why don't we put it in the safe?** 了解。金庫の中に入れましょうか。

put on ～ = ～を着る・まとう

▶ **Let's see. I have to put on my glasses to read this.** どれどれ。これを読むにはメガネをかけなくては。

▶ **A lovely hat!** 素敵な帽子。
Why don't you put it on? かぶってみてよ。

❗ it や them のような一語の代名詞は間におさまるんだ。

▶ **Did you put on some weight?** あなた太った？
▷ **Yes, I did. Can you tell?** うん。分かる？

▶ **You don't need to put on a lot of makeup.** 君はたくさん化粧をしなくていいだろ。
▷ **Maybe. I just like to.** そうかな。化粧が好きなんだ。

put off ＝ 延期する

▶ **Mr. Schneider has an emergency.** シュナイダー氏に緊急事態が発生だ。
Let's put off the meeting. 会議は延期にしましょう。

▶ **I can't believe it.** 信じられない。
I have so much homework! すごい量の宿題がある。
▷ **You put off doing it until the night before, didn't you?** 前の晩まで先延ばしにしたんだろ？

put up with ～ ＝ ～を我慢する

▶ **Ms. Conner is a tough teacher.** コナー先生は厳しい教師だ。
She won't put up with any bad behavior. いかなる悪いふるまいも大目に見たりしない。

▶ **You completed your training period.** 研修期間はこれで終わり。
Congratulations. おめでとう。
▷ **Thank you for putting up with me.** 私に我慢してくださってありがとうございます。

▶ **Those customers are so rude!** 失礼な客じゃないか！
How can you put up with them? どうやって我慢できるの？

07 turn の熟語

「回す」を意味する turn から派生する熟語を知ろう

Let's turn on the light.
明かりをつけましょう。

Can you turn down the volume?
音量を下げてくれる？

I have to turn in the report by Friday.
レポートを金曜日までに**提出し**なければならない。

This rain may turn into snow later.
この雨はのちに雪に**変わる**かもしれない。

リアルフレーズ

turn on = 電源を入れる ⇔ turn off = 電源を切る

▶ **Shall we turn on the air conditioner?** エアコンをつけましょうか？

❗ turn the air conditioner on の語順もアリ。it なら必ず turn it on の語順だよ。

▶ **When you leave the house, don't forget to turn off the heater.** 家を出る時にヒーターを消し忘れないように。

▶ **How do I turn this coffeemaker on?** このコーヒーメーカーはどうやって電源を入れるの？

▷ **The switch is in the back. Flip it up.** 後ろにスイッチがあるよ。パチンと上げて。

It'll turn off by itself when it is done. 終わったら自動でオフになるよ。

turn up ＝（音量等を）上げる、現れる ⇔ turn down ＝（音量等を）下げる、却下する

▶ **Can you turn up the TV?** テレビの音量を上げてもらえる？

▶ **I still haven't found my smartphone.** スマホがまだ見つかっていないんだ。
▷ **I'm sure it'll turn up somewhere.** きっとどこかから出てくるよ。

▶ **The missing dog turned up in a neighbor's backyard.** 行方不明の犬が近所の人の裏庭に現れた。

▶ **Can I turn down the volume?** 音量を下げてもいい？

▶ **Why did you turn down the promotion?** なぜ昇進を断ったの？
▷ **I don't want to take on more responsibilities.** より多くの責任を担うなんてしたくない。

turn in ＝ 提出する

▶ **May I turn in my paper by email?** 論文はメールで提出していいですか？
▷ **No. You'll have to turn it in to me in person.** いいえ。私に手渡しで提出してください。

A turn into B ＝ AはBに変わる / turn A into B ＝ AをBに変える

▶ **Failure can turn into success if you learn from it.** 学べば失敗は成功になりうる。

▶ **Those five years have turned her into a different person.** その５年間で彼女は別人に変わってしまった。

▶ **They can do all kinds of remodeling. They can turn an old bus into a stylish bar.** 彼らはありとあらゆる改装ができる。古いバスをおしゃれなバーにだって変えられる。

08 pass の熟語

「通過する」「通す」を意味する pass から派生する熟語を知ろう

I'll pass the message on to her.
伝言を彼女に伝えておきますね。

This tradition has been passed down to our generation.
この伝統は私たちの世代まで伝承された。

The professor passed out the class syllabus.
教授はクラス概要を配布した。

When did she pass away?
彼女はいつ亡くなったのですか？

リアルフレーズ

pass ... on to ～ = …を～に伝える（連鎖的）

▶ **When you see Pam, can you pass this book on to her?**
パムに会ったら　この本を彼女に渡してもらえますか？

❗ on は連鎖を表すので、直接 Pam に渡すだけなら on は不要で pass the book to her となる。

▶ **Please pass this information on to your team members.**
この情報をあなたのチームのメンバーに伝えてください。

▶ **The responsibility has been passed on to me.**
私にその責任がまわってきました。

▶ **The virus can be passed on to other people through the air and by close contact.**
そのウィルスは他の人へ移りかねない気中か密接によって。

▶ The retired politician wrote a memoir to pass the truth on to the public.
元政治家は回顧録を書いた
民衆に真実を伝えるために。

pass down = 伝承する

▶ This house has been passed down from my grandparents.
この家は私の祖父母から受け継がれた。

▶ Some folk tales have been passed down to us, but others haven't.
私たちに伝承された民話もあるが、伝承されなかったものもある。

▶ The boy's artistic talent was passed down from his mother.
少年の芸術的才能は母親から受け継がれた。

▶ This disease will not be passed down to your children.
It is a so-called "lifestyle disease."
この病気は子どもに遺伝しない。
いわゆる生活習慣病というものだ。

pass out = 配布する、気絶する

▶ Are you ready for bingo?
I'll pass out the cards now.
ビンゴの準備はいいですか？
今からカードを配ります。

▶ The test booklets will be passed out.
試験の冊子が配布されます。

▶ Bob passed out when he was having his sixth beer.
ボブは6杯目のビールを飲んでいる時に気を失った。

pass away = 亡くなる

▶ The legendary diva passed away from a drug overdose.
伝説的な歌姫は薬物過剰摂取で死亡した。

▶ My grandmother passed away over 10 years ago at age 84.
祖母は10年以上前に84歳で亡くなりました。

▶ Many people passed away from the virus.
多くの人がそのウィルスで亡くなった。

09 run の熟語

「走る」を意味する run から派生する熟語を知ろう

I ran into an old friend.
昔の友人に偶然会った。

Stop! Don't run over the cat.
止まって。その猫をひかないで。

If you can run away from zombies, you win.
もしゾンビから逃げられたら、あなたの勝ち。

We almost ran out of gas.
ガソリンが尽きるところだった。

リアルフレーズ

run into = 偶然出会う、ぶつかる

▶ **That was scary! We almost ran into that car!**
今のは怖かった！あの車に衝突するところだったよ！

▶ **That was Aaron in the bus.**
バスにいたのはアーロンだった。

▷ **You mean you just ran into your ex-boyfriend?**
たった今元カレに遭遇したってこと？

▶ **I ran into trouble with the passport check.**
パスポート審査で問題に遭遇した。

run over = （車などで）轢く

▶ **You had too much to drink. Don't walk home. You will get run over.**
君は飲み過ぎだ。歩いて帰るな。車に轢かれるよ。

▶ Oh, no! Did I run over something? しまった！ 何かを轢いちゃった？
▷ That was a speed bump. 今のは減速帯だよ。
You should've slowed down. 速度を落とすべきだったよ。

run away = 逃げる

▶ When my cat sees a stranger, it runs away. うちの猫は見知らぬ人を見ると逃げる。

▶ The girl said to the police officer, "I didn't run away from home. I'm looking for my dog." 少女は警官に言った「家出じゃなくて、犬を探しているんです」と。

▶ Sometimes I just want to run away from everything. 時々すべてから逃げたくなる。
▷ Who doesn't? That's why we all need vacations. 誰でもだよ。だからみんな休暇が必要なんだよ。

run out = 尽きる（行為者 + run out of + 物 / 物 + run out）

▶ If we don't go to the store now, we'll run out of bread and milk. 今お店に行っておかないとパンと牛乳が切れてしまう。

▶ The boss likes none of our ideas. 上司は私たちのどのアイデアも気に入らないんだ。

▷ That's right. We're running out of ideas now. その通り。もはやアイデアが尽きてきた。

▶ I spent a lot of money. 出費が多かった。
It may run out before my payday. 給料日までにお金が尽きるかも。

▶ I'm not winning any more. 勝てなくなってきた。
▷ Your beginner's luck has run out. ビギナーズラックが尽きたか。

復習問題

Let's try it out!　～やってみよう！

01 be の熟語より

1. 急いで。授業が始まるところですよ。

   Hurry up. The class ____ ________ ____ ________.

2. 多数派がその案に賛成しています。

   The ________ are ______ the plan.

3. 誕生日はどんなパーティーをしたい？　あなた次第よ。

   What kind of party do you want for your birthday? It __ ____ ____ _____.

4. 私はこれを今日中に終えることができるかもしれません。

   I ________ _____ ________ ____ finish this today.

Answer: 1. is about to begin（または start） 2. majority, for 3. is up to you 4. may（または might）be able to

02 take の熟語より

1. レオは私とおじいちゃんの血を引いています。

   Leo ________ ______ me and his grandfather.

2. フルタイムで働きたい。夫にもっと家事を引き受けるように頼もう。

   I want to work full-time. I'll ask my husband to _____ ___ more housework.

3. 子どもたちが食中毒になっちゃって。私が彼らの世話をしないと。

   My kids got food poisoning. I have to ________ ________ _____ them.

4. 当機は（＝私たちは）まもなく離陸します。

   We will ________ ________ soon.

Answer: 1. takes after 2. take on 3. take care of 4. take off

03 get の熟語より

1. 私はしばらくはそのショックから立ち直れませんでした。

I ________ not ________ ________ the shock for a while.

2. どの停留所でバスを降りるの？

At which stop are we going to ________ ______ the bus?

3. 大きな物音を聞いて、私たちはベッドから起き上がった。

When we heard a loud noise, we ________ ______ _______ our beds.

4. 一晩中停電だった。私たちは電気なしで過ごさなければならなかった。

We had a blackout all night. We had to _______ ___ _______ electricity.

Answer: 1. could, get over 2. get off 3. got up from 4. get by without

04 go の熟語より

1. 早く正常に戻ってほしいものだ。

I hope things will ______ ________ to _________ soon.

2. この暑さはもう2、3日続きますよ。

This heat will _____ _____ for a few more days.

3. （エレベーターで）「上に行きますか？」「いえ、下に行きます」

（At an elevator）“Are you ________ _____?” “No. We’re _______ ______.”

4. こういう筋肉痛はたいてい2、3日でなくなるよ。

This type of muscle pain usually ________ ______ in a few days.

Answer: 1. go back, normal 2. go on 3. going up, going down 4. goes away

05 look の熟語より

1. 誰かを探しています？

Are you ____ ____ ____?

2. ドナが新しいリーダーになるべきです。みんな彼女を尊敬しています。

Donna should be the new leader. We all ____ ____ ____ ____.

3. パーティーが楽しみです。

I ____ ____ ____ the party.

4. この写真を見てください。5年前のクリスマスに撮られたものです。

____ ____ this photo. It was taken five Christmases ago.

Answer: 1. looking for someone（または somebody） 2. look up to her 3. look forward to 4. Look at

06 put の熟語より

1. 天気予報は悪そう。ハイキングは延期しなければならないかも。

The weather forecast doesn't look good. We may have to ____ ____ the hike.

2. これをあなたのバッグに入れておいてもらえる？

Can you ____ ____ ____ your bag?

3. 小さな切り傷があるんだ。バンドエイドを貼っておくね。

I have a small cut. I'll ____ ____ a Band-Aid.

4. 父に子守は頼めない。泣き声に耐えられないだろう。

I can't ask Dad to babysit. He won't be able to ____ ____ ____ the crying.

Answer: 1. put off 2. put this in 3. put on 4. put up with

07 turn の熟語より

1.「ボリュームを上げましょうか？」「はい、お願いします」

"Shall I ________ ______ the _________?" "Yes, please."

2. 履歴書を提出しましたが、通りませんでした（＝会社は却下しました）。

I ________ _____ my resume, but the company ________ me ________.

3. きっともっと求人が出てくるよ。

I'm sure more job openings will ________ ________.

4.「新婚旅行は惨事となりました」「それは笑える思い出に変わりますよ」

"Our honeymoon ________ ______ a disaster." "It will _______ ______ a laughable memory."

Answer: 1. turn up, volume 2. turned in, turned, down 3. turn up 4. turned into, turn into

08 pass の熟語より

1. このレシピはひいおばあさんから受け継いだのです。

This recipe has been ________ ________ from my great-grandmother.

2. この配布資料をみんなに配っていただけますか？

Could you _________ _______ these handouts to everyone?

3. この科学者は50年以上も前に亡くなったが、今でも伝説的だ。

This scientist _______ ______ over 50 years ago, but she is still _______.

4. この本は持っていてくれてもいいし、他の人に渡してくれてもいいですよ。

You can keep this book or ________ it ______ _______ someone else.

Answer: 1. passed down 2. pass out 3. passed away, legendary 4. pass, on to

09 runの熟語より

1. あれはアライグマだよ。速度を落として、轢きたくないよね。

   That is a raccoon. Slow down. We don't want ____ ______ _______ it.

2. 「クマに遭遇したらどうしたらいい？」「私だったら逃げる」

   "What should I do if I ______ _______ a bear?" "I would ______ _______."

3. 私たちの研究は壁にぶつかった。研究費が尽きてしまったのだ。

   Our research _____ _____ a wall. We _____ _____ of the research funds.

4. お腹が空いた。エネルギーが尽きてきたよ。

   I'm hungry. I'm _________ _______ ______ energy.

Answer: 1. to run over 2. run into, run away 3. ran into, ran out 4. running out of

STEP 7

構文を増やして表現を広げよう

01 some と any を使いこなそう

some（何か / いくらか）と any（何でも）の使い方の違いを知る

Can you order something for me? Anything is fine.
何か注文しておいてくれる？　何でもいいから。

リアルフレーズ

1. some（有ることが前提の「何か」）	vs.	any（有無が不明な「何か」）
Is someone there?	vs.	Is anyone there?
そこに誰かいるのですか？		そこに誰かいないのですか？

▶ **Did you say something?**
何か言いました？

▶ **Doesn't someone in your class speak Korean? What was her name? Yuna?**
誰か君のクラスで韓国語を話す人いなかった？　彼女の名前、何だっけ？ユナ？

▶ **I'm going to the store. Do you need anything?**
買い物に行くけど、何か要る？

▶ **Do you have any questions?**
何か質問はありますか？

▶ **Does anybody want this guidebook? I don't need it anymore.**
誰かこのガイドブック欲しい人いる？　私はもう要らないんだ。

2. some（適量）	vs.	not any（無）
I would like some coffee.	vs.	We don't have any coffee.
コーヒーが飲みたい。		うちにはコーヒーはない。

▶ **Can I have some ketchup for my omelet, please?** オムレツに付けるケチャップをもらえますか？

▶ **You can have some more chicken.** チキンのおかわりできますよ。
▷ **Thanks, but I cannot eat any more.** ありがとう。でもこれ以上食べられません。

▶ **I don't speak any Russian.** ロシア語なんて全然話せないよ。

3. some（何か・どれか） vs.	any（どれでも）
Someone did this. vs.	Anyone can do this.
これを誰かがやった。	これは誰でもできます。

▶ **Some spices are missing in this stew.** このシチュー、スパイスが足りない。

▶ **Can we take any bus to downtown?** 中心街にはどのバスでも行けるの？
▷ **No. Some go to the bay.** いや。一部のバスは湾へ行く。

▶ **These experts can handle any questions.** こちらの専門家らはどんな質問にも対応できる。

4. something ～（何か～） vs.	anything ～（どんな～でも）
I want to eat something spicy. vs.	I can't eat anything spicy.
何か辛いものが食べたい。	どんな辛い物も食べられない。

▶ **Times have changed.** 時代は変わった。
We must do something new. 何か新しいことをしなければ。

▶ **The rock festival was loud.** ロック祭はうるさかったね。
Let's go somewhere quiet and sit down. どこか静かなところに行って座ろう。

▶ **She likes anything pink.** 彼女はピンクのものだったら何でも好きだ。

02 目的を表す［to ＋ 動詞］

［to ＋ 動詞］で「～をするために」とシンプルに伝えられる

To win the game, we have to step up.
試合で勝つには、我々は強化しなければならない。

リアルフレーズ

1. to ＋ ～（＝動詞）（～するために）
I order groceries online to save time.
時間を節約するために食料品はオンラインで注文する

▶ **Let's meet at 11 to avoid the lunch crowd.**
昼食時の混雑を避けるために11時に待ち合わせよう。

▶ **I take a long bath to relieve stress.**
私はストレス解消に長湯をする。

▶ **We need three weeks to train new staff.**
新しいスタッフの訓練に3週間必要です。

▶ **To make Angie's wedding special, her friends set up a surprise.**
アンジーの結婚式を特別なものにするために
友人らはあるサプライズをしかけた。

2. something / anything ＋ to ＋ 動詞（［動詞］するための何か）
Would you like something to drink?
何か飲みものいかがですか？

▶ **Girls always have something to talk about.**
女の子たちっていつも話すことがあるんだね。

▷ **Yeah. Girls' talk goes on forever!**
そう。女子トークって延々と続く！

▶ **This is something for us to think about.**
これは私たちにとって考えるべき課題ですね。

▶ **Before closing the meeting, does anyone have anything to say?**
ミーティングを終了する前に誰か何か言うことがありますか？

▶ **If you don't have anything urgent to do now, can you help us?**
もしも急ぎですることがなかったら、私たちを手伝ってもらえますか？

3. 名詞 ＋ to ＋ ~（＝動詞）（～するための［名詞］）

Is there any way to fix this?
これを直す方法はありますか？

▶ **What are some good places to visit around here?**
この付近で観光にいいところは？

▶ **Can I have some time to think about it?**
考える時間をいくらかいただけますか？

▶ **Don't ask Paula to work overtime. She has kids to take care of.**
ポーラに残業を頼んではいけないよ。彼女にはまだ手のかかる子どもがいる。

4. what / how 等 ＋ to ～（何を～等）

Will you tell me **what to bring** to the party?
パーティーに何を持っていけばいいか教えてくれる？

▶ **I'm shocked. I don't know what to say.**
ショックで言葉が見つかりません。

▶ **At the Career Center, there is a seminar about what to do and what not to do in job interviews.**
キャリアセンターで、就職面接中にすべきこととすべきでないことについてのセミナーがあります。

▶ **Mona wants to know how to lose weight.**
モナが痩せ方を知りたがっている。

03 数量・度合い・割合を伝える

可算・不可算名詞を使い分け、数量等の情報を正確に伝える

Thousands of tourists visit this area. Some spend weeks here.
何千人もの観光客がこの地域を訪れます。一部の人は何週間もここで過ごします。

リアルフレーズ

▶ **We have a few tour options, from a half-day to a two-day tour.**
ツアーの選択肢は2、3あり、半日から2日間のツアーまでございます。

▶ **A few dozen people will attend the meeting.**
2、30人が会議に出席する。

❗ dozen は12を表すダースなんだよ。

▶ **Luckily, we had few problems.**
幸いほとんど問題なかったです。

▶ **No one thinks she is over 70.**
誰も彼女が70を過ぎているとは思わない。

▶ **We have several things to do.**
いくつかしなければならないことがある。

❗ several は many ほどではないが存在感がある数量。数にすると3~6くらいのイメージ。

▶ **Their family tree goes back hundreds of years.**
彼らの家系図は何百年も前にさかのぼる。

▶ **Millions of dollars will be spent on this project.**
何百万ドルがこのプロジェクトに費やされる。

❗ここまでは可算名詞でした。ここから分量や度合いを扱うよ。

▶ **Do you know much about it?** それについてよく知っています？
▷ **No, I know little about it.** いいえ、ほとんど知りません。

▶ **Turn up the volume, just a little.** 音量を上げて、ほんの少し。

▶ **Hurry. We have no time to waste.** 急いで。無駄にする時間はない。

▶ **Using this program is not difficult at all.** このプログラムを使うのは全然難しくありません。

▶ **The hotel was all right, but it's not good enough to get four stars.** ホテルはまあまあだったけど４つ星を付けるほどは良くはない

▶ **The lake is too far away to reach on foot. Let's take a cab.** 湖は徒歩で行くには遠すぎる。タクシーに乗りましょう。

▶ **Most of the employees here work part-time.** ここの従業員のほとんどはパート勤務だ。

❗ここから割合の表現だよ。

▶ **My little sister is getting really good at tennis.** 妹は本当にテニスの腕を上げてきた。
She now beats me half of the time. ２回に１回は私を打ち負かす。

▶ **Would you like the small or the medium size?** ＳかＭサイズ、どちらがいいですか？
▷ **Can I try on both?** 両方着てみてもいいですか？

▶ **Mr. Chen didn't like any of our proposals.** チェン氏は私たちの案のどれも気に入らなかった。
▷ **What? None of them?** 何ですって？　どれも？

04 文にもっと情報を盛る

[名詞 + (that) + 主語 + 動詞] (= [主語] が [動詞] する [名詞]) を使いこなす

Tell me about the countries you visited.
あなたが訪れた国々について教えて。

リアルフレーズ

▶ **I tried the dish that you recommended.** あなたが勧めた料理を食べてみた。

▶ **I tried the recipe you gave me.** あなたがくれたレシピを試したよ。

❗ that が you の前に隠れているよ。

▶ **Did she like the ring you bought?** 彼女はあなたが買った指輪を気に入りました？

▶ **Did you read the article I forwarded?** 私が転送した記事を読みましたか？

▶ **Do you remember the first date we went on?** 私たちが行った初めてのデートを覚えている？

▶ **To calculate my calorie intake, I record everything I eat.** 自分のカロリー摂取を計算するために、食べたものすべてを記録します。

▶ **Just order anything you want.** 何でも欲しいものを注文して。

▶ **I told the police everything I knew.** 私は知っていること全部を警察に話した。

▶ **What was the title of the movie you watched?** あなたが見た映画のタイトルは何でしたか？

▶ **How did you do on the essay? Show me what you wrote.**
エッセイはどうだった？ あなたが書いたものを見せて。

❶ whatで「もの」や「こと」という意味なんだよ。

▶ **Why don't you tell me what you think?**
あなたの考えを聞かせてくれない？

▶ **We have limited storage space. Let's buy only what we need.**
物置のスペースは限られている。必要なものだけを買おう。

▶ **Meryl is an influencer. Many people follow what she posts on social media.**
メリルはインフルエンサーだ。大勢が彼女のSNSへの投稿をフォローしている。

▶ **What you just said is very interesting.**
今あなたが言ったことはとても興味深い。

▶ **The medicine you recommended helped.**
あなたが勧めてくれた薬は効きました。

▶ **Nothing I said was correctly understood.**
私が言ったことは何も正しく理解されなかった。

▶ **The story you are about to hear is very strange but true.**
今からあなたが聞く物語はとても不思議だけど実話です。

▶ **The castle you are going to see is 1000 years old.**
今からあなたが見るお城は築1000年です。

▶ **Be careful about what you do on the Internet. Photos you upload can spread to anyone.**
ネット上での行動には気を付けて。アップした画像は誰の手にも広がり得る。

▶ **The guidebook you gave me was a big help.**
あなたがくれたガイドブックはとても役立ったよ。

▷ **Good. Did you visit the temple it recommended?**
よかった。それが勧めるお寺には行ったの？

05 比較級

-er（短い形容詞と副詞に適用）と more ＋を用いて比較級を使う

The train is faster and more convenient than the bus.
電車の方がバスよりも速くて便利だ。

リアルフレーズ

▶ **The new model is smaller than the older one.**
新しいモデルの方が古いのよりも小さい。

▶ **How is your cold today?**
今日は風邪の具合はどう？
▷ **I feel a lot better.**
ずいぶん良くなったよ。

❗ good - better - best。than ～（＝～と比較して）の部分は明らかな場合省略できます。

▶ **Do you have anything cheaper?**
もっと安いのはありますか？

▶ **Anything larger than this size cannot be taken as carry-on luggage.**
こちらのサイズよりも大きなものは手荷物として持ち込めません。

▶ **The test may be easier than you think.**
そのテストはあなたが思うよりも簡単かもしれない。

▶ **The situation is getting worse.**
状況は悪化してきている。

❗ bad - worse - worst だよ。

▶ **To get the result we want, we will have to work harder at this.**
私たちが望む結果を得るにはもっとこれを頑張らないと。

▶ **I'll carry the heavier bag.**
重い方のバッグを持つよ。

▶ **Which has fewer calories, the chicken sandwich or the shrimp burger?**
どっちがカロリーがより少ない？チキンサンドイッチかエビバーガーか。

▶ **You got much taller than you were the last time I saw you.**
最後に会った時からずいぶん背が高くなったのね。

❗ 今の you と過去の you を比較しているため you が２回出てきます。

▶ **This hotel is more expensive, but I feel more comfortable in it.**
このホテルの方が高いけど、私はここに居る方がより快適に思う。

▶ **I want to do a more interesting job, but I'm not ready to take on more responsibility.**
もっと面白い仕事をしたいけれど、より多くの責務を引き受ける覚悟はない。

▷ **You will be if you get more experience.**
もっと経験を積んだらできるよ。

❗ more の後に名詞が来ることもできるよ。

▶ **What we have to learn at work is getting more and more difficult.**
職場で覚えなければならないことがますます難しくなってきている。

▶ **You like your job more than before, don't you?**
前よりも仕事を好きになっているでしょ？

▶ **I enjoyed listening to live music. I'd like to do this more often.**
生演奏を聴くのは楽しかったです。もっとこういうことをしたいです。

▶ **Could you speak more slowly, please?**
もっとゆっくり話していただけませんか？

▶ **To some people, family is more important than work. They may choose to work less.**
ある人にとっては、家族の方が仕事よりも大切。
そんな人は仕事を減らすことを選ぶかもしれない。

❗ less が more の反対語なんだ。

▶ **Since I quit smoking, I like the smell of smoke less and less.**
煙草をやめてから、煙の臭いがますます好きでなくなった。

06 最上級

the -est（短い形容詞・副詞に適用）と（the）most＋を用いて最上級を使う

The trip is the happiest memory for us.
その旅は一番幸せな思い出です。

We saw the most beautiful views in the world.
世界で最も美しい景色を見ました。

リアルフレーズ

▶ **This is the best choice of all.**
これが全部の中で最良の選択だ。

▶ **We did our best.**
私たちは最善を尽くした。

▶ **We have to keep our cost the lowest.**
我々は経費を最低限に保たなければならない。

▶ **What is the fastest way to get there?**
そこに行くのに最速の方法は？

▶ **The best place to view the city is that tower. It's the tallest around here.**
街を見渡すのに最良の場所はあのタワーだ。それはこの近辺で一番高い。

▶ **How many people can stay in your largest room?**
こちらの最大の部屋では何人が泊まれますか？

▷ **The Family Suite can hold five people.**
ファミリースイートなら５名収容できます。

▶ **The hotel is the closest to the station, but their room rates are the highest in the area.**
そのホテルは駅から一番近いけれど部屋代がその地域で最も高い。

▶ **I am so refreshed. This is the longest vacation I've ever had.**
すごくリフレッシュしました。これが今まで取った中で最長の休暇です。

▶ **The most important information should appear at the top.**
最重要事項が冒頭に出てくるようにしなければならない。

▶ **What is the most exciting adventure you have ever had?**
どの冒険が今までで一番ワクワクした？

▶ **This is the most challenging job I have ever worked on.**
これは一番難しい仕事だ
今まで取り組んだ中で。

▶ **This option is the most convenient, yet it is the most expensive.**
この選択肢は最も便利だが、
最も高額な方法である。

▶ **How is your dinner?**
夕食はいかがですか？
▷ **This is one of the most delicious meals I have ever had.**
これは今まで食べた中で一番おいしい食事のひとつだ。

▶ **Gene and Miranda are the two most promising candidates.**
ジーンとミランダは最も有望な候補者のふたりだ。

▶ **I like this type of car the most.**
このタイプの車が一番好きだ。

▶ **Most customers choose this model. This is the most popular of all.**
ほとんどの客はこのモデルを選ぶ。
これがすべての中で最も人気だ。

▶ **We don't have much time. Can we do the least urgent task later?**
あまり時間がない。
緊急性が最も少ない業務は後にできる？

❗ least は less の最上級なんだ。

07 いろいろな使役動詞

使役動詞 make（引き起こす）、have（依頼）、let（許可）を知る

I don't want to make Mom angry, so I'll have a pro fix her music box.
母を怒らせたくないから、オルゴールはプロに直してもらおう。

I shouldn't have let the kids play with it.
子どもたちにそれで遊ばせるんじゃなかった。

リアルフレーズ

1. make：（行為や状態を作ることから「引き起こす」「させる」）

▶ **We should make the headline larger.** もっと見出しを大きくした方がいい。

▶ **The news will make her happy.** 彼女が聞いたら喜ぶよ。（直訳：この知らせは彼女を喜ばせる）

▶ **What made you cry?** なぜ泣いているの？（直訳：何があなたを泣かせたのか）

▶ **What makes you think so?** なぜそう思うの？

▶ **He never liked the idea, but now he is all for it. I wonder what made him change his mind.** 彼はその案を好まなかったのに今は大賛成だ。何が彼の気持ちを変えさせたんだろう。

▶ **My mom likes this color. It makes her look younger.** 母はこの色を好む。彼女を若く見せるから。

▶ **Long time, no see. What's up?** 久しぶり。近況は？
▷ **Um, to make a long story short, I met a girl on an airplane, and she is my wife now.** かいつまんで話すと飛行機で出会った女の子が妻になったんだ。

2. have：（手間を借りることから「依頼によってしてもらう」）

▶ **Shall we have the waiter bring the wine menu?**
ウェイターにワインメニューを持ってきてもらう？

▶ **What beautiful wedding photos!**
なんて綺麗な結婚式の写真！
▷ **Thanks. We had a friend take them.**
ありがとう。友人に撮ってもらったんだ。

▶ **We will sleep in, so we don't need to have the housekeepers clean the room.**
朝はゆっくり寝ますので、清掃に入ってもらう必要はないです。

▶ **In the survey, we had customers answer some questions about our services.**
アンケートでは、お客さんに我々のサービスについて質問に答えてもらいました。

3. let：（許可することから「要望に応じる」「流れにまかせる」）

▶ **Let me help.**
手伝うよ。（私に手伝わせて）

▶ **If you ever come to this area, please let me know.**
もしこの地域に来ることがあれば、私に知らせてくださいね。

▶ **In this park, you can let your dog run free.**
この公園では犬を自由に走らせることができます。

▶ **Close the windows. Don't let the rain come in.**
窓を閉めて。雨が入ってこないようにして。

▶ **Don't let her see the present yet.**
まだ彼女にプレゼントを見せないで。

▶ **We shouldn't let a new employee handle this problem.**
この問題は新入社員に対処させてはいけない。

文をつなぐ

ふたつの節を that でつなぐ（特に口頭では that は省略可能）

People didn’t believe that the earth was round.
人々は地球が丸いとは信じなかった。

リアルフレーズ

▶ **Many health experts say that taking a bath is better than taking a shower.**
多くの健康専門家が言うには
入浴の方がシャワーよりも良い。

▶ **The newspaper says that more people will work from home in the future.**
新聞に書いてある
在宅勤務者が将来増えると。

▶ **The movie director announced that he was going to retire soon.**
その映画監督は発表した
もうすぐ引退すると。

▶ **Would you tell her that I will call her again in one hour?**
彼女へ伝言をお願いします
私がまた１時間後にかけ直すと。

▶ **I hope that you will get better soon.**
容態がすぐに良くなることを願っています。

▶ **Some economists think that inflation will slow down.**
一部の経済学者が考えている
インフレが緩やかになると。

▶ **Did you know that we have no bonus this year?**
今年はボーナスが出ないと知っていました？

▶ **Almost everyone expects that the team will win the championship.**
ほとんど全員が期待している
そのチームが優勝すると。

▶ **I'm not saying that we made a mistake, but I must say that we should have tried harder.**
私は我々が失敗したとは言っていませんが、もっと努力すべきだったと言わざるを得ない。

▶ **Studies show that many people don't get enough sleep.**
複数の研究が示すには多くの人の睡眠が足りていないということ。

▶ **The tour guide suggested that we have lunch at the seaside city.**
ツアーガイドが勧めるのは
海辺の街で昼食を取ること。

▶ **Would you suggest that I rent a car or that I join the bus tour?**
あなたが勧めるとしたら、レンタカー
それともバスツアーの参加？

▶ **The doctor advised that I go on a low-sugar diet.**
医者は私に助言した
低糖食事制限をするようにと。

▶ **The hotel staff advised that we not try to catch a cab on the street.**
ホテルのスタッフは忠告した
道でタクシーを拾わないようにと。

❗ we と not の間に should が隠れているけど現代ではたいてい省略されるんだ。

▶ **Her coach suggested that she not practice until she fully recovers.**
彼女のコーチは諭した
完全に回復するまで練習しないようにと。

09 仮主語 it で重要ポイントから

It を仮主語とするポピュラーな構文を知る

It's fun to roll sushi.
お寿司を巻くのは楽しいよ。

リアルフレーズ

1. It ... to ～（＝～することは…だ）

▶ **It is difficult to answer your question.** あなたの質問に答えるのは難しい。

❓ Answering your question is difficult. とも言うよね？
❗ 言えますよ。it を仮主語とする利点は、先に結論を述べられ、主語が長くならずにすむことだよ。

▶ **It's nice to meet you.** お目にかかれて嬉しいです。

▶ **It was great to see the photos. Thank you for sending them.** 写真を見られて嬉しかったです。送ってくれてありがとう。

▶ **Is it too late to turn in the application?** 申込書を提出するのはもう遅いですか？

▶ **It isn't easy for Joe to express himself.** ジョーにとって気持ちを伝えるのは簡単でない。

▶ **It'll be exciting to drive across the country.** その国を車で横断するなんて、楽しみだ。

▶ **It should not be too difficult to do this task.** この業務をするのはそんなに難しくないはず。

▶ **There was a major snowstorm, so it was impossible for us to fly out.** 大雪に見舞われ、飛行機で行くのは無理でした。

▶ **How was it to interview a celebrity?** 有名人をインタビューするのってどうだった？

▶ **It takes an hour to get to the airport from here.** ここから空港に行くには1時間かかります。

▶ **It will take some practice to do it well.** それをうまくできるにはいくらか練習が要る。

▶ **It'll take me 10 minutes to get ready.** 準備をするのに10分かかります。

! 自分の場合なので me が入るんだ。It'll take 10 minutes for me to get ready. ともできる。

▶ **It costs a lot of money to hold such a big party.** そんな大きなパーティーを開くのは大金がかかる。

2. It is ... that ～（＝～であることは…だ）

▶ **It is great news that Jill will join our team.** ジルがチームに入るとは朗報だ。

▶ **Wasn't it strange that he didn't answer our question?** 彼が私たちの質問に答えなかったのは変じゃなかった？

▶ **It is clear to everyone that Joey likes Tina.** ジョーイがティナを好きなのは皆の目に明らかだ。

▶ **It is quite inconvenient that we will have to change trains twice.** 結構不便ですね 2回電車を乗り換えないといけないなんて。

3. It is ～（＝時刻、日付、曜日、天候といった行為者のない情報を示す）

▶ **It is already 12. It's lunch time.** もう12時。昼休みだ。

▶ **What day is it, today?** 今日は何曜日ですか？
▷ **It's Monday.** 月曜日です。

▶ **Is it the 15th today?** 今日は15日でしたっけ？
▷ **No, it is the 16th today.** いえ、今日は16日です。

▶ **It has been raining all week, but it's going to be sunny tomorrow.** 1週間ずっと雨だったけれど明日は晴れるよ。

TRACK 73

10 つなぎ言葉を使う

代表的なつなぎ言葉の正しい使い方を知る

Mari wastes no time because she has to study and work.
マリは勉強と仕事があるから時間を無駄にしない。

For example, she learns new vocabulary while she's on a train to work.
例えば、通勤電車内で新しい語彙を覚えている。

リアルフレーズ

1. because ＋ 主語＋動詞 / because of ＋名詞 で理由を説明する

▶ **Because I live far from the city, it takes me over an hour to get to work.**
私は離れた郊外に住んでいるので通勤に1時間以上かかる。

▶ **I'll have more time with the kids because I'm going to work fewer hours.**
子どもたちともっと時間を過ごせる仕事をパートに切り替えるから。

▶ **Because of the traffic jam, it took us forever to get there.**
交通渋滞のせいでそこに着くのにとても時間がかかった。

▶ **Gail looks happier. Is it because of the promotion?**
ゲイルは前より嬉しそうだね。それは例の昇進によるもの？

2. while ＋ 主語＋動詞 / during ＋名詞 で期間を述べる

▶ **In the race, the turtle passed the rabbit while the rabbit was taking a nap.**
その競争では、カメがウサギを追い越した
ウサギが昼寝をしている間に。

▶ **While the old man was logging on the mountain, the old woman was doing laundry at the river.**
お爺さんが山で柴刈りをしている間、お婆さんは川で洗濯をしました。

▶ **You will be asked not to use the restrooms during takeoff.**
離陸の間はトイレを使わないよう求められます。

▶ **Sales of these products go up every year during the Christmas and New Year break.**
毎年これらの製品の売り上げがクリスマスと新年の休暇中に増加する。

3. For example, ～ / such as ～ で例をあげる

▶ **There are many activities you can do here, such as snorkeling, canoeing, and cycling.**
ここでは多くのアクティビティができます、スノーケリング、カヌーイング、サイクリング等。

❗ こちらと次の such as は for example, に替えても OK。

▶ **Plastic items, such as some bottles and food containers, go to the plastics bin.**
一部のボトルや食品容器のようなプラスチック製品はプラスチック専用箱に入れます。

▶ **Some people have allergies to foods, for example, to soybeans, wheat, or shellfish.**
食物にアレルギーがある人もいます
例えば、大豆、小麦、甲殻類に。

❗ この for example, も such as に替えて OK。通常 food は不可算だけど種類を言う時は可算扱いになるんだ。

▶ **I try to exercise in my everyday life.** 私は日常生活で運動をするようにしている。

For example, I always use the stairway. 例えば、私はいつも階段を使います。

▶ **There are easy ways to cook.** 楽な料理法もあるよ。

For example, you can microwave potatoes. 例えばジャガイモをチンするとか。

❗ 上記ふたつの for example, には文が続いており such as に替えられないんだ。

01 any と some を使いこなそうより

1. 今からココアを作るんだけど、あなたもいかが？

I'm going to make ________ hot chocolate. Do you want ________ too?

2. 16歳を超えていたら誰でも応募できます。

__________ over 16 can apply.

3. タイ料理って多くが辛いけど、その店には辛くないものも何かあるよ。

Lots of Thai dishes are spicy, but they have ________ _____ _____, too.

4. 誰かアイデアはありませんか？（複数のアイデアを求めている）

Does ________ have ________ ________?

Answer: 1. some, some 2. Anyone（または Anybody） 3. something not spicy 4. anyone（または anybody）, any ideas

02 目的を表す［to ＋動詞］より

1. 図書館に行くけど、返してほしい本はある？

I'm going to the library. Do you have any ________ ____ ________?

2. 長い行列を避けるため、私たちはオンラインでチェックインをすませる。

_____ ________ ________ lines, we always check in online.

3. ポールはいつもいい成績を取る。勉強の仕方を知っているんだ。

Paul always gets good grades. He knows ______ _____ ________.

4. 結婚式に着ていくいいものは何も持っていない。

I don't have __________ nice _____ ________ for the wedding.

Answer: 1. books to return 2. To avoid long 3. how to study 4. anything, to wear

03 数量・度合い・割合を伝えるより

1. この地域ならホテル1泊は1万円で足りるかもしれません。

_____ _______ yen may be ________ for one hotel night in this area.

2. この町のレストランのほとんどが日曜は閉めています。

______ of the restaurants in this town _______ on _________.

3. 私たちの半分はこのタクシーに、残りの半分は別のに乗ります。

_____ of ___ will take this taxi, and the other _____ will take another one.

4. 少し時間があるなら、ここで2、3枚だけでいいから写真を撮りたい。

If we have __ ______ time, I want to take just __ ______ photos here.

Answer: 1. Ten thousand, enough 2. Most, close, Sundays 3. Half, us, half 4. a little, a few

04 文にもっと情報を盛るより

1. あなたが昨夜見た映画はいかがでしたか？

______ was the ________ _______ watched last night?

2. 彼がインスタグラムに投稿した画像を見た？

Did you see the ________ he ______ on Instagram?

3. 彼女は必要なものは全部ネットで買う。

She buys ________ she ________ on the _________.

4. 私がフリマで見つけたものを見たい？

Do you _______ _____ see _______ I found at the flea market?

Answer: 1. How, movie you 2. picture（または photo), posted 3. everything, needs, Internet 4. want to, what（または something)

05 比較級より

1. もっと人手があれば、もっと早く仕事ができるだろう。

   If we get _______ staff, we can work _________.

2. セルフレジが導入されてから、待ち時間が短くなった。

   Since self-checkout was introduced, the wait time got ________.

3. その会議を予定よりもっと早くに始められますか？

   Can we ________ the meeting _________ ________ the scheduled time?

4. もっと里帰りして両親に会う頻度を上げたい。

   I'd like to go back home to see my parents ________ ________.

Answer: 1. more, faster 2. shorter 3. start（または begin), earlier than 4. more often

06 最上級より

1. 新人スタッフには一番簡単な業務をあげて。

   Give the new staff _______ _________ tasks.

2. 最も人気な観光スポットのいくつかについて教えてもらえますか？

   Can you tell us about ______ of _____ _______ _________ tourist spots?

3. この仕事において身につけるべき最も重要なスキルは何ですか？

   What is ________ _________ ___________ skill to have in this job?

4. 私たちの中で誰が最も売り上げを出しましたか？

   Which one of us made ______ _________ sales?

Answer: 1. the easiest（または simplest） 2. some, the most popular 3. the most important 4. the most

07 いろいろな使役動詞より

1. ごちそうさまでした。お皿洗いは私にさせてください。

Thanks for the great meal. Please ________ ________ ________ the dishes.

2. 子どもに自分スマホを持たせない親もいる。

Some parents don't _____ their children _____ their own smartphones.

3. 庭師に庭仕事をやってもらう必要があります。いい庭師をご存じない？

We need to _____ a gardener do some yardwork. Do you know anyone?

4. 恥じらいを克服するために、先生は私たち全員にプレゼンをさせた。

To help us get over our shyness, the teacher ________ all of us do a presentation.

Answer: 1. let me wash（または do） 2. let, have 3. have 4. made

08 文をつなぐより

1. 医療従事者の中にはこの新薬が効くと期待している人もいる。

Some healthcare experts ________ ________ the new drug will work.

2. ツアーガイドはレストランではチップを残すよう教えて（助言して）くれた。

The tour guide ________ ________ we leave tips at restaurants.

3. そのデータが示すにはこの製品を買う人が増えているということだ。

The data ________ ________ more people are buying this product.

4. 今日の天気予報で言っているのは、また台風が接近しているということだ。

Today's weather forecast _____ _____ another typhoon is approaching.

Answer: 1. expect that 2. advised（または suggested）that 3. shows that 4. says that

09 仮主語 it でまず重要ポイントからより

1. そこに行くにはバスで30分かかる。

___ _______ 30 minutes ____ get there by bus.

2. 有名なミュージカルを見られるなんてワクワクするね。

____ will ____ exciting _____ see the famous musical.

3. 空港バスがホテルまで行くなんて便利ですね。

____ is _________ that the airport shuttle goes to the hotel.

4. そのオンライン会議システムを使うのは無料でできますよ。（費用がかからない）

____ _______ us nothing ____ use the online meeting system.

Answer: 1. It takes, to 2. It, be, to 3. It, convenient 4. It costs, to

10 つなぎ言葉を使うより

1. 週末の間に勤務をしたので、来週の金曜に休みが取れます。

I can get a day off next Friday ______ I worked _______ the weekend.

2. あなたが会議に出ていた間、ハモンド氏から電話がありました。

________ you were in the meeting, Mr. Hammond called.

3. 当店にはカフェインレスの飲み物もありますよ、例えばミントティーやスムージー。

We have caffeine-free drinks, _______ _____ mint tea and smoothies.

4. この空港は素晴らしい。例えば、パスポート審査に並ばなくていいのです。

This airport is great. _____ _______, you don't have to wait in line for passport check.

Answer: 1. because, during 2. While 3. such as（または for example,）4. For example

著者紹介

上田 麻鈴（うえだ・まりん）

カリフォルニア州立大学で学士、神戸女学院大学大学院にて通訳翻訳分野で修士号を取得。バイリンガル・セクレタリーを経て、現在、ビジネス英語、同時通訳、TOEIC、TOEFL、英文ライティング等の講師、通訳者、翻訳者、英語教材著者を務める。大学、語学学校、企業等で豊富なクラス経験。TOEIC990点、英検1級取得。著書に『CD BOOK 実践英会話　正しく伝えるための技術と表現』。

英文校閲

Gary I. Anderson

カリフォルニア大学バークレー校にて学士号、カリフォルニア州立大学大学院およびスタンフォード大学大学院にてそれぞれ修士号を取得。1972年より約30冊の大学教材をはじめ多数の論文の校閲および編集顧問を手掛ける。

収録内容：本書のリアルフレーズを全て収録
ナレーション：Carolyn Miller, Howard Golefield
時間：97分

◉——カバーデザイン　竹内 雄二
◉—— DTP・本文図版　株式会社 文昇堂
◉——本文イラスト　いげた めぐみ

［音声DL付］パターンで身につけるリアル英会話フレーズ

2020年7月25日　初版発行

著者	上田 麻鈴
発行者	内田 真介
発行・発売	ベレ出版 〒162-0832　東京都新宿区岩戸町12 レベッカビル TEL.03-5225-4790 FAX.03-5225-4795 ホームページ　http://www.beret.co.jp/
印刷	モリモト印刷 株式会社
製本	根本製本 株式会社

ISBN 978-4-86064-626-4 C2082　　編集担当　脇山和美